絶対大丈夫!
しあわせの教科書

～みるみる幸運を呼び込む魔法の習慣～

スピリチュアル・カウンセラー
高津理絵 著

マイナビ

はじめに

いつからか、わたしは「神様は、本を読むように、わたしたちの人生をごらんになっている」と、強く感じるようになりました。

やわらかな光が降り注ぐ神様の巨大な書斎の壁面は、天高くまで、みんなの本で埋まっています。その書斎でくつろぐ神様に思いを馳せると、わたしはいつも温かく明るい気持ちで満たされるのです。

そして、今日のページに幸せを綴《つづ》るたびに、神様がニコニコしながら明日の続きを楽しみにしてくださっている様子を想像し、楽しく物語を書き進めています。

わたしたちは、誰もが「人生」という名の、1冊の本を抱えて生まれてきます。

中身はまっしろですが、1冊として同じ本はありません。

今世《こんせ》に、それぞれの手で、自分だけの物語を書き上げるために神様が授けてくださったプレゼントです。みんな平等に、今世で物語を記せるのは、ただ一度だけと決まっています。その本を、「あなたの物語」と呼ぶことにしましょう。

嘆きや不平、不満ばかりが綴《つづ》られている物語は、神様も次第に手に取るのをためらわれてしまうと思うのです。神様のもとに戻った自分でさえ、読み返すのは気が引けてしまうでしょう。

なによりも、わたしたちは「幸せになるため」に「望まれて」神様のいらっしゃる場所からこの世に生まれてきました。だから、幸せな物語を綴るのは呼吸をするのと同じくらい当たり前で、自然なことです。

もしも、あなたがいまの自分はあまり幸福でないと感じているなら、本当に記すべき幸せがいっぱい詰まった「あなたの物語」を綴るために、今日からできることを、これからお伝えしていきたいと思います。

自分は、必ず幸せになると信じてください。大丈夫です。わたしは、あなたに幸せになる力がちゃんと備わっていることを知っています。

「でも、自分は心配性で、いままでネガティブなことばかり書き綴ってきてしまった……」という人がいらっしゃいますか？　繰り返しますが、大丈夫！　あなたは、ご自分のことがちゃんとわかっているのですから、やるべきことがすぐに理解できるはずです。

　わたしのやるべきことは、迷っている方、満たされない方、もっと幸せになりたいと願っている方たちに、自分の目の前に幸せがあることに気づいていただけるように、心に灯《あか》りをともすお手伝いです。

　それが、わたしの今世でのテーマです。

　師匠の※斎藤一人さんにそのテーマを示していただいてスピリチュアルカウンセラーになって以来、わたしの物語はよりいっそう幸せで、グングンとおもしろさを増していると確信しています。

あなたにも、どうかあなただけの物語を幸せでいっぱいにしていただきたいのです。あなたの書く「あなたの物語」という本が、喜びで満ちあふれた素晴らしい1冊になることを信じています。

本書を、今世という学校で幸せなあなたの物語を執筆するための教科書の1冊として加えていただけたら、とても幸せです。

ともに光を　ともに感謝を　高津理絵

※斎藤一人…銀座まるかん創設者。1993年以来、事業所得だけで全国高額納税番付（総合）10位内に12年連続ランクインし、2003年には累計納税額で日本一になる。著作家としてビジネス書や自己啓発書などを多数出版し、ベストセラーとなっている。

絶対大丈夫！しあわせの教科書　目次

第4章 「豊かになる」ことはよきこと

第5章　ワンランク上の幸せな物語を綴る方法

第6章　幸せに気づいた人の物語

※プライバシー保護のため、本書に登場する人物はすべて仮名で表記しています。
また、個人が特定されないように一部変更を加えています(編集部)。

第1章

あなたはもっと簡単に幸せになれる

願いは必ず叶うもの

あなたは、今世で、どう生きたいと願っていますか？

「幸せになりたい」。もちろんそうですね。この世でただ1冊の「あなたの物語」を、たくさんの幸せで満たしたいと誰もが願っているはずです。

幸せになるのは簡単なことです。幸せは、けっして、つらくてみじめな思いをすることなく、楽しみながらラクにつかめるものなのです。

しかし、幸せになりたいと心の中で思うだけでは、実現されません。「その願いにふさわしい行動を取ること」が、とても重要になります。

たとえば、あなたが小説家になりたいという願いを持っているとします。1行の原稿も書いたことがないまま、「小説家になりたいな」と思っていても、叶うはずがありません。

小説家になりたいのなら、文学だけではなく映画や絵画や音楽、ありとあらゆるものから心の栄養をため込んで、書き始めた人にだけ、願いが叶えられます。願いを実現させるための行動は楽しくて、少しも苦労とは感じないものです。

ほかにも、願いごとを叶えるためにはいくつかの「心構え」が必要です。これから説明していきますが、どうか難しく考えないようにしてください。

明るくリラックス。これも、願いごとを叶えるために、とっても大事な心構えのひとつなんです。

おさらい

わたしたちはみんな幸せになるために生まれてきました。

幸せになりたいという思いにふさわしい行動をすると、願いは必ず叶います。

願いが叶わない理由

「願いは叶う」と、まずは強く信じること。

「自信」とは、「自分を信じること」です。自分を信じないのは、わたしたちの幸せを信じてくださっている神様を信じないことと同じです。

しかし、「願いは必ず叶います」とわたしが言うと、「でも」「だって」と言う方がいらっしゃいます。「○○だから、わたしの願いは叶いません」とおっしゃるのです。

○○には、さまざまな理由が入るのですが、先回りして叶わない理由をつけてしまうのです。そして「ほら、やっぱり叶わなかった」と言うのですが、「いいえ、叶っていますよ」とわたしはお答えします。

そうした方々は、「叶うはずがない」というマイナスの思いが強い願望になって、「実現しない」という願いを叶えてしまったのです。

願いごとは、負の思い(マイナス思考、自分さえよければいいという勝手な思い、叶わないんじゃないかという不安)が強いと、負の願いが神様に届きます。本当に叶えたいのなら、負の思いのない素直な心で願ってください。

だから、起こってもいないことに対する「取りこし苦労」は、やめましょう。

確かに人間は、なにかと心配をしてしまう生きものですよね。危険を回避するためにいつも悪い状態を想定して、リスクを少なくしようと考えます。それ自体は、別に悪いことではありません。

問題なのは、起こってほしくないことばかり考え続けてしまうことです。ひとつ心配すると願いごとの実現が1日遅れると考えてください。

負の考えが頭をよぎりそうになったら、楽しい願いごとをして、「必ず叶う！」という明るい気持ちで打ち消しましょう。

そして、願った後は笑顔でいること。笑顔は悪いことを寄せつけません。笑っていると、いいことばかりがあなたのもとに返ってきます。

わたしは、子どもの頃から願いごとがよく叶います。よく笑うし、焦りやおそれがないからだと思います。「いますぐ叶ってほしい」「叶わなかったらどうしよう」とは考えません。

自分が思っていた時期に実現しなかったら、「いまは、まだタイミングではないんだわ」と思い、「大丈夫、時期が来れば必ず叶う！」と考えます。神様が見守っていてくださっているのですから、「ありがとうございます。今日も幸せです」と、ページを綴って待ちます。すると、いつの日かその願いは叶っています。

この世は、実にシンプルです。本当は、あらゆるものごとに「よいことだけ」

「悪いことだけ」なんてことは存在しません。

しかし、取りこし苦労や、過去のことをいつまでも悔やむ「持ちこし苦労」、人のことまで心配する「持ちだし苦労」をすると、「よい」「悪い」に心が左右されてしまうようになり、せっかくのあなたの本がマイナスのエネルギーでいっぱいになって、願いごとが塗りつぶされてしまいます。願いを叶えるために大切なのは、「マイナスなことは考えない」明るい心ですよ！

おさらい

実現を焦ったり、叶わないことをおそれたりしてはいけません。笑顔で「叶う」と信じ続ければ、明るい波動が必ず神様に届きます。

ふと思ったことを素直に願う

願いごとは、頭をひねって考えるものではありません。ふと思いついたことを素直に願う。これも実現をさせるコツです。

こんなことがありました。カウンセリングルームで働いてくれているスタッフのみんなで、雑誌を見ながら「このご当地スイーツが食べたい！」と盛り上がった翌日です。1人のスタッフが、「あの後、旅行に行っていた友だちが家に来て、お土産にあのお菓子を買ってきてくれた」と言います。

「すごいね、叶うのが早かったね！」とみんなでビックリしましたが、こうしたことがわたしの周りでは、しょっちゅう起こります。

「あー、あのお店のロールケーキが食べたいな」となにげなく言った翌日、カウンセリングにいらっしゃった方がそのロールケーキを持って来てくださったこともあります。

「誰か買って来てくれないかしら」なんてことはちっとも考えません。ただ素直に、「おいしそうだな、食べたいな」と口にだしただけ。

考えるだけで楽しくて、幸せな気持ちに浸っていられる、そんなふとした素直な願いは、周りの優しい人に聞き届けられることもあります。耳にした人が気を利かせてお手伝いしてくれた場合も、ステキな願いの叶い方です。近くにいる人たちに、たくさん感謝してくださいね。

おさらい

幸せな気持ちでふっと考えたことは、素直に口にだしてください。
執着のない言葉は、願いが叶うよい波動を生み出します。

幸せのイメージを明確に思い描く

　カウンセリングに来られる方が、「幸せになりたいんです」と言うので、「あなたにとっての幸せとはなんですか？」と尋ねると、黙ってしまわれることがあります。

「いやぁ、幸せなら……。ええっと、なんでもいいんですけど」

　これではいけません。同じことが言えるのが、デートのときに、「ディナーはなにがいい？」と尋ねられ、「おまかせで」と言う人です。そう言う人は、相手を尊重しているようで、実はその反対です。それでは、自分から楽しむことを放棄して、「さあ、私を楽しませて。なにを楽しいと思うかは言わないけど」と意地悪をしているのと同じです。

　本当に幸せになりたいのなら、具体的に、あなたにとっての幸せとはなにか？

を突き詰めなければ、神様も困ってしまいます。仕事の充実がいちばんの幸せなのか、幸せな恋愛を望むのか、自分でわかっていなければ、行動はおろか願いごとさえできませんし、神様の与えてくださったチャンスを生かすことができません。

「お店を持ちたい」「好きな人とずっと一緒にいたい」。願いごとがハッキリわかったら、次はさらに具体的にイメージしていきます。

「どんな雰囲気のお店がいい？」「好きな人と暮らしているのは、どんな部屋？」。楽しい空想でよいのです。あなたが願う幸せのイメージを、自分に、たくさん聞いてみましょう。

おさらい

幸せのオーダーに「なんでもいい」はいけません。
自分の幸せなイメージを詳細にすればするほど、チャンスは早く訪れます。

願いを口にした後は、日常のことを一生懸命する

願いを意識的に口にするのも、実現を早めるコツです。

日本にははるか昔から「言霊《ことだま》」という言葉があるように、言葉には強い力が宿っています。ものごとは、よいことも悪いことも、口にだした言葉通りのことが現れるのです。それなら、聞いた人も楽しくなる言葉を使って、うれしい願いごとを叶えたいですよね。

「叶う」という字は、口に十と書きます。10回願いごとを口にすると、言霊はより強力になります。また、わたしたちは神仏に願うとき口の前で両手を合わせますが、これも口に十という字を添えている形です。

つまり、口にすればするほど、願いは神様に届きやすいのです。

以前、カウンセリングルームの引っ越しを考えていたときの話です。前に間取りを見せてもらって気に入ったのですが、できればその上の階の角部屋がいいなと思って見送った物件がありました。「結局、あのときはこの部屋に決めちゃったけど、あの角部屋、ステキだったなぁ」。わたしは、古くからずっと一緒にいてくれるスタッフの千栄ちゃんに言いました。

「そうですね。空いたらうれしいですよね」

「いま住んでいる人に、なにか幸福なことが起こって、引っ越すことにならないかしら」と笑って、わたしたちは話をしました。

口にだして楽しく願った後は、わたしは神様におまかせします。

違う場所がふさわしいのなら、別の部屋に神様が決めてくださるからです。

その当時のカウンセリングルームも、神様におまかせして理想の物件に入れたという経験がありました。

願った後は、自分がいまできる日常のことに一生懸命取り組みます。わたしの場合は、カウンセリングや執筆や講演会などをして楽しくすごしていました。

しばらくしてまた、不動産屋さんに問い合わせてみると、「いまはいっぱいです」との返事でした。

「ああ、でも、1部屋だけ引っ越すって連絡があったみたいです。だけど、それがあの部屋かはわかりませんよ。調べてみますね、しばらくお待ちください」と言って電話口に戻った不動産屋さんが、「ご希望のお部屋です！」と驚いておっしゃいました。わたしも千栄ちゃんと顔を見合わせて驚きつつ、喜びました。

そう、どうせなら自分に都合のよいことをうんと願ってしまいましょう。「都合のいいことを願っていいんですか？」と聞かれることがありますが、いいんです。でも、「いますぐ一千万円欲しい」などと願うのはダメですよ。

自分にも、相手にも都合のいいことを楽しく願うのがコツです。

「お料理が苦手なので、お料理上手な夫が欲しい」というのでもいいのです。

「その代わりにお掃除や洗濯などはきちんときれいにするし、なによりも夫を大切にします！」と願えば、あなたも未来の夫になる方もちゃんと幸せです。

たとえば、わたしが、「絶対にあの部屋がいいから、住んでいる人、早く出て行って！」など、トゲトゲした気持ちで、自分にだけ都合のよい言葉を使って願いごとをしたのなら、神様は聞き入れてくださらなかったと思います。

楽しく願ったら、後は、願いごとが叶う日まで日常のすべきことをしながら楽しくすごすこと。そうすると、願いごとは必ず叶います。笑って、神様におまかせしてしまうのです。

わたしもそのようにしていたので、前にその部屋に住んでいた方は、より幸せになれる場所に引っ越されて、空いた部屋とそのときのわたしの波動がピッタリ合った、というできごとが起きたのでしょう。

おさらい

願いごとは、明るい心でなんども口にだして願いましょう。
願ったら、自分のやるべきことをして、神様におまかせしてしまいましょう。

100の願いを叶える

白い紙に、叶えたい100の願いごとややりたいこと、目標を綴《つづ》ってみてください。わたしは、心機一転するため、年末にこの作業をしますが、時期はいつでもかまいません。願いごと以外に、自分が日頃から当たり前にやっている簡単なことも一緒に挙げます。

100の願いごとを書くときは、次の4つのことを実践しています。

1　前向きなエネルギーがいただけるように、明るい部屋で書く。
2　「叶ったら、自分と周りの人が笑顔になれるもの」を書く。
3　笑顔で楽しんで書く。
4　「～したい」ではなく、「～する」「～した」と完了形で書く。

書き上がったら、「願いが叶いました。ありがとうございます」とお礼を言います。そして、願いが叶ったうれしい気持ちを味わった後、紙をたたみ、机の引き出しなどにしまって放っておきます。

わたしの場合、年末に書いたものを8月のお盆の時期に見返すと、たいてい半分は叶っています。年末に見直して叶っていない項目があったら、翌年はより具体的に書きましょう。

たとえば、「結婚する」と書いたとしますね(「結婚したい」ではなく、「結婚する」と言いきるのが重要です。言霊がより強まります)。

現在、恋人がいない人は、どんな人と出会いたいのか、そのために自分はどんな行動をすべきか、どんな毎日を送りたいかなど、詳細に書き込みましょう。

恋人がいる人は、相手に結婚したいと思われる魅力ある人になるためにはどうしたらいいと思うか、どんな結婚生活を送りたいか、いずれも明確にイメージして、こと細かに書き記してください。書くことには、言霊と同じくらい願いを実現する力があります。次のページにわたしの100の願いごとの一例を載せました。参考にしてくださいね。

おさらい

100の願いごと、目標を紙に書きだしましょう。
楽しみながら笑顔で書くと、実現させるパワーがもっと高まります。

わたしの願いごと

いい本をたくさん読む。

両親にお小遣いをあげられるようになる。

ゆっくり京都旅行に行く。

毎日穏やかに、幸せにすごす。

いい言葉を使う。

お客様が楽しみにしてくださる講演会をする。

いつもよきことに波長を合わせる。

きれいな部屋に住む。

朝起きたら、笑顔でカーテンを開ける。

体重を○○kgにする(笑)。

魅力的な女性になる。

人が喜ぶアイデアをだす。

本を書く。

上手にパソコンが使えるようになる。

部屋に毎日お花を飾る。

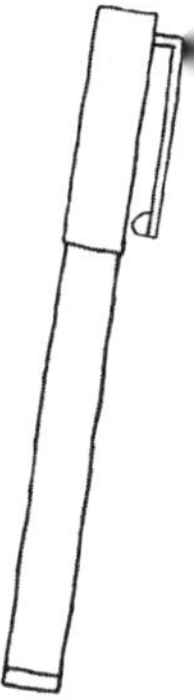

いかがですか？　これがわたしの100の願いごとの一例です。また、年末に新しい手帳を手に入れたら、月間スケジュール部分に、「４月　講演会、５月　単行本発売、８月　プチ旅行」など、叶えたい願いを日づけとともに書き込む「夢の予定表」も作ると、たいがいの予定が叶っているんですよ。

「〜しないと幸せになれない」は間違い

「開運のために鏡を置くのなら、この角度を守らなくちゃ」「富士山に行くのは年中行事だから、行かないと今年の幸せを逃してしまう」など、どうしても計画通りに進まなければ不安になる人がいます。

けれども、なにかができなかったから幸せになれない、ということはありません。

勝手なルールで自分を縛ると、「自分は間違ってしまった」「これで、もう神様に褒められない」という苦しみを呼んでしまいます。

近くの神社に毎月1日に行くと決めているのに、行けなかった、あるいはいつも参拝する時間に遅れてしまった。ああ、自分はダメだ、だから後でこんなイヤなことが起こってしまった……そんな負のスパイラルで身動きが取れなくなるのです。

真面目な人ほど自分で自分を縛ってしまいがちです。しかし、神様は、そんなことを少しもあなたに望んでいません。

わたしは、いまだかつて神様に、「絶対に、こうしないといけない」と言われたことがありません。わたしが受け取る神様からのメッセージは、「こうすると、もっとよくなるよ」「こんなことを教えてあげなさい」という、いつも優しい言葉ばかりです。

幸せは、もっとラクに簡単に手に入れられるものなのです。

わたしは、お参りに行けなかったときは、「じゃあ、ここで拝んだことにさせていただこう。神社は、あっちの方角かな？」と、その場で手を合わせます。その場で「ありがとうございます」とお祈りするだけで、十分、思いは届きます。

たとえば、毎年恒例でお参りに行っている神社へ赴く道中、急用ができて行けなくなってしまったとしても、「車中でガイドブックを読んで幸せな気持ちになれただけでもうれしかった、ありがとうございます」と、いったん自分の気持ちを落ち着けるようにするのです。

バタバタと無理やりにスケジュールを強行するより、そのほうがずっと自分を高めることができます。

もう一度言います。「これをしないから不幸になる」ということは、神様はひとつもおっしゃっていませんよ。

おさらい

験担《げんかつ》ぎやルールに縛られすぎると、心の元気が奪われてしまいます。神様からのメッセージを受け取れるのは、臨機応変で柔軟な心です。

光のエネルギーを味方につけ、明るい場所で願う

願いごとをするときには、前向きな清い心でいることが大切です。わたしは、願いごとは太陽が差し込む明るい部屋やベランダですることにしています。生命のエネルギーに満ちた太陽の光が前向きな力を与えてくれるからです。

カウンセリングルームのカーテンも閉じません。自分たちや、カウンセリングに来ていただいた方に太陽のエネルギーが降り注ぐと、よい作用がいただけるのです。

わたしは考えごとをするときに空を見上げるのが、子どもの頃から習慣になっています。物心ついたときから、わたしは空に神様と霊的な存在を感じていました。その波動を感じるたびに、温かくて優しい、なんともいえないうれ

しい気持ちで満たされたものです。

そのうちに、神様は空だけではなくもっと身近ないろんな場所にもいらっしゃることがわかりましたが、空の光のエネルギーにも神様の存在を感じることができるので、見上げるとほっとした穏やかな気持ちに包まれるのです。

もしも、「あの願いは叶うのかな……」と頭の中で悪い妄想やマイナスの思考がグルグルうず巻きそうになったら、太陽の光を浴びながら深呼吸をしましょう。神様があなたの生命エネルギーをパワーアップしてくれます。

気になることがあると、人はとかく取りこし苦労をしてしまいがちです。取りこし苦労を明るく打ち消すために、太陽のエネルギーが大きな助けになってくれます。これは、考えに煮詰まったときも同様です。

人間は思考をやめることはできません。しかし、どうせするのなら、思いっきり自分にとって都合のよい解釈で、楽しい妄想をいっぱいしましょう。

おさらい

願いごとは、前向きな心でイメージをふくらませることが肝心。
太陽の光を浴びると、前向きなエネルギーがたくさんもらえます。

願いが叶ったら、たくさん感謝する

願いがすぐに叶うと素直に思っている人は、本当にすぐに叶います。

カウンセリングにいらした方から、「願いが叶いました！」とご報告をいただくたびに、わたしはうれしくてたまりません。なぜなら、「この人が、心から笑った顔を見たい」という、わたしの願いを叶えてくださっているのですから。

なかには、「この幸せがいつまで続くか心配で……」と、ぜいたくな悩みを抱える方もいらっしゃいますが、そうです、取りこし苦労はいけませんよ。まだ起こりもしないことを心配する時間がもったいない！

そのかわり、クヨクヨする気持ちの10倍は神様に感謝してください。「本当にうれしいです」と、しっかり「あなたの物語」に書き記してください。そして、周りの方に感謝してください。願いは叶うと信じてよい波動ですごしていた自分にも、「ありがとう」を言ってくださいね。

おさらい

神様に明るい願いが届いたのは、あなたの前向きな波動と周りの人のおかげ。たくさん、「ありがとう」と言ってください。

「自分責め」ではなく、「自分褒め」を日課にする

生まれたときから今日まで、いちばん一生懸命に「あなたの物語」と向き合っているのは誰でしょう？

そう、あなた自身ですね。

生きていると、つらくて泣きだしたいこと、あきらめたくなることもあります。そんなときでも、ただひたすらに自分のためにがんばっているのはあなた自身です。また、うれしいとき、楽しいとき、一緒に喜んでくれるのも自分です。

ものごとがうまくいかないときほど、「自分責め」ではなく「自分褒め」をしましょう。自然と心が浄化されて、人生がうまくいき始めます。

自分を褒めることのパワーに気づいてから、わたしは「自分褒め」が日課に

なりました。まず、朝起きたら鏡を見てニッコリして、「いい笑顔だね」と褒めます。そして、選んだ洋服を「いい色ね。似合うわ」と、褒めます。オフィスに着いてスタッフの千栄ちゃんに、「先生、今日も楽しそうですね」と言われて、「なんだか、今日のわたしはいい感じだなって思っちゃったの」と笑って答えます。

原稿を書いているいまも、「がんばっているね。偉いね」と言っています。眠る前には、「今日も1日がんばったね」と褒めてあげます。

「自分責め」をしていると、「できない自分」にばかりフォーカスしてしまいます。それではよく眠ることもできません。「自分褒め」をして眠ると、朝の目覚めがスッキリして、エネルギーが満ちているのがわかります。

でも、ちゃんとがんばってきているのに、ずっと「自分責め」をしてきてし

まった人は、「自分褒め」をするのはちょっと照れくさいかもしれませんね。「わたしはお掃除が苦手だし、油断すると人の悪口も言っちゃう。褒めるところを探すのが難しいわ」と思っている人もいるかもしれません。

そう感じる人は、眠る前に、まず「いままでがんばってきた自分に『自分責め』をしてしまって、ごめんなさい」と言ってください。次に「そんな自分を許します」。そして、「ありがとう」。最後に、「大好き。よくがんばったね」と、自分を褒めてあげてくださいね。一度謝って、自分を許してからだとうまく褒めることができるようになりますよ。

「自分責め」をしてしまいそうになったら、「自分を許せないわたしを許します」「お掃除できなかったわたしを許します」と、そのたびに自分を抱きしめてあげましょう。

自分を褒めるところは、あなたが考えるよりずっとたくさんあります。「仕事をがんばってるね」「風邪を引かずにいてすごい」「肌のコンディションがいいわ」「そのスーツ、似合ってるよ」。そんなささやかなことでかまいません。「自分褒め」で、毎日、心のデトックスをしましょう。

おさらい

「あなたの物語」のために、いちばんがんばっているのは自分です。「自分褒め」で心を浄化すると、人生がどんどんうまくいき始めます。

第2章

あなたの人生が輝く、3つの「磨く」魔法

日課にすると、「あなたの物語」が幸せで満たされる魔法があります。それは、「鏡」「言葉」「ハート」の3つをピカピカに磨くというもの。これまで、わたしの文章や講演に触れてくださった方にはおなじみの話だと思いますが、毎日が笑顔であふれる魔法の力を実感できます。みなさんも、できることからでいいので実践してみましょう。

その1　鏡をピカピカに磨く

みなさんは、1日に一度は必ず鏡を目にするのではないでしょうか。日常的にメイクをする女性は、もっと頻繁に鏡をのぞいていますよね。

普段、なにげなく使っている鏡は、日本神話に「三種の神器」のひとつと記されているように、本来は神社のご神体にもなっている神聖なものです。お正月に神様にお供えする鏡餅も、昔の銅鏡《どうきょう》を模《も》しています。鏡が、いかに神事と深く結びついていたかがうかがえる風習です。

「鏡」という名称に注目してみましょう。「かがみ」の「が」を抜くと、「かみ」になります。つまり、「自分が、自分が」という「我」を取り払うと、内面から「神様」がお見えになるのです。こうしたことから、鏡を磨くことは、自分の魂、もっと言えば、自分の中の神様を磨くのと同じだとわたしは確信しています。

磨く以外のルールは不要

鏡は、気がついたときに、サッと磨くだけで構いません。姿見、スタンドミラー、手鏡、コンパクト、車のミラー、ドレッサー……ｅｔｃ．、身の回りの鏡が目についたら、のぞくついでに磨く。これを習慣にしてしまいましょう。

鏡の形、置く場所、材質、サイズなどに決まりはありません。あなたが気に入った鏡であれば、どんなものをどの場所にいくつ置いてもかまわないのです。

磨く以外にルールを作ってしまうと、よい波動を抑制してしまうので、気楽に行ってくださいね。

ひとつだけアドバイスするなら、玄関に鏡を置くのはオススメです。家の中に入り込もうとする邪気をはね返すパワーを発揮してくれます。

おさらい

神様と結びつきが強い鏡を磨くことは、自分の魂を磨くことに通じます。気づいたら鏡面をサッとぬぐって。あなたの波動もピカピカになります。

毎朝、鏡を見てニッコリ笑う

笑顔には、見た人を明るく元気づける魔法の力があります。いつでも自然とほほ笑みがこぼれるように、ぜひ、鏡を見ながらステキな笑顔を作ってみてください。とくに、朝いちばんでやってみること。練習になるだけではなく、とってもよい効果があるからです。

毎朝、鏡を見てニッコリ笑うと、1日が、とてもよいエネルギーで満たされます。「今日も楽しくいこうね」「今朝も元気でありがとう」「1日が始まったね。よろしく」。そんな気持ちで自分に笑いかけましょう。

カウンセリングにいらっしゃったある方が、こんなことをおっしゃいました。「周りの方に笑顔で『ありがとう』と言うといいよ、と先生に言われてから、毎日、鏡を見て練習していたんです。そうしたら、楽しくなってきちゃって。だって、まるで自分にお礼を言ってるみたい。でも、不思議ですね。どんなに忙しいときも、その『ありがとう』でスーッと気分が落ち着くんです」

その方の気のせいではありません。毎日、ひたむきに「あなたの物語」に向き合っているのは、あなた自身です。その自分に笑顔を向けるのは、明るくて優しい波動を自分の心に向けることになります。

これも、ぜひ毎日の習慣にしてくださいね。

おさらい

鏡に映る自分に笑顔を向けましょう。１日になんどでもかまいません。ピカピカのやさしい波動に包まれ、１日がエネルギーに満ちます。

処分するときは「ありがとう」

鏡が割れてしまったり、引っ越しなどで処分したりするときは、天然のお塩ひとつまみと一緒にビニール袋に入れて、「いままでありがとう」とお礼を言って処分してください。天然のお塩とは、科学的な処理を施していない塩のことをいい、古くから浄化作用があるとされています。

神聖な鏡だけではなく、愛着のあるもの（人形や人からいただいたものなど）は、捨てる際にすべて同じようにするとよいでしょう。

神社やお寺でいただいたお守りやお札をお焚《た》き上げできず、捨てられずにいる場合も、天然塩を同封し、「今日まで、お守りくださってありがとうございます」と、感謝を伝えて処分してください。

持ち主が品物に愛着を抱いた時点で、ものには心が宿るのです。どんなものでも、あなたのためにその日までいてくれたのです。いままで自分のためにたくさん働いてくれて、楽しませてくれて、思い出をくれたことに心から感謝してください。あなたの魂が、よりいっそう輝きを増します。

おさらい

天然塩には、清めのパワーがあります。「ありがとう」の言葉も同じ。ものに宿った心を浄化し、あなたの魂を磨いてくれます。

その2　言葉をピカピカに磨く

第1章で、言葉には、意味を実現させる言霊が宿っているとお話ししました。

「類は友を呼ぶ」という言葉があるように、明るく美しい言葉にはよいものや幸せなものが集まってきますし、暗くて毒気の強い言葉には、悪いものを吸い寄せる力があります。

さらに、幸せな言葉には、悪いものや、マイナスのものをシャットアウトするバリア機能があります。

では、それはいったいどんな言葉なのでしょうか、詳しくご説明していきましょう。

「天国言葉」を口グセにする

あなたの周りに、その人のことを思い出すだけで顔がほころぶような人はいませんか？

そんなふうに周りをうれしい気分にさせてくれる人は、決まって幸せな言葉を使うのが上手です。口にした本人も耳にした人も、楽しくなるような言葉。

それを「**天国言葉**」といいます。
「**ツイてる**」「**うれしい**」「**楽しい**」「**よかった**」「**ありがとう**」「**感謝します**」「**幸せ**」「**許します**」。

ここに挙げたのはほんの一例ですが、このような、ものごとを肯定的にとらえる明るい言葉が、天国言葉です。

日頃、人になにかをしてもらったときやお願いするときに「すみません」を多用する人は、こうした言葉に変えてみてください。より感謝の気持ちが伝わり、自分の波動と周囲の雰囲気がグッと明るくなります。

神様は、天国言葉が大好きです。天国言葉を使う人には、天国言葉を使いたくなる状況をさらに呼び寄せてくれます。「幸せ」と言えば言うほど、幸せな状況がどんどん訪れるのです。

天国言葉を習慣にするためには、「幸せのハードルを上げすぎない」ことも大切です。どんなものごとでも当然だと思わず、小さな幸せにたくさん気づける人は、より大きな幸せを呼び込めるようになります。
天国言葉を習得するコツとして、心に留めておいてくださいね。

おさらい

幸せに気づいたら「天国言葉」で伝えましょう。さらに幸せが舞い込みます。
小さな幸せを見逃さない人には、より大きな幸せがやってきます。

「地獄言葉」を使わない

天国言葉と真逆の言葉が「地獄言葉」です。

「ツイてない」「許せない」「嫌い」「困った」といった愚痴・泣き言、不平不満、悪口・文句、心配ごとなどがそれに該当します。こうしたものごとを否定的、悲観的にとらえるのが地獄言葉で、使うたびに幸運を遠ざけてしまいます。耳にした人もイヤな気持ちにさせる言葉は、たとえ、発したときはすっきりしたような気持ちになっても、確実にあなたの波動を低下させ、また地獄言葉を使いたくなる状況を引き寄せます。

地獄言葉ばかりで埋め尽くされた本を、あなたは読みたいでしょうか？　イヤですよね。まして、自分が書き進めている大切な物語が地獄言葉でいっぱいになってしまったら、とても悲しいと思います。

ついつい「地獄言葉」を使ってしまった場合は、天国言葉を10回声にだして言いましょう。これで地獄言葉をキャンセルできます。けっして「地獄言葉」を使った自分を責めないでくださいね。

おさらい

「地獄言葉」は、さらに地獄言葉を使いたくなる状況を呼び寄せます。
つい使ってしまったときは、慌てずに「天国言葉」でキャンセルを！

思い出を「天国言葉」で置き換える

地獄言葉を使わないように気をつけていても、うっかりしてしまうのが、過去の思い出を語るときです。知人のマイさんが言いました。

「元カレのことは、思いだしたくもないの。なんで、あんな人とつき合っちゃったのかしら？」

と言います。わたしは、そうではないのよ、と彼女に気づいてほしくて伝えました。

「それはあなた自身を否定するのと同じよ。だって、そのカレを好きになったときのあなたは、カレと同じ波動をしていたのだから」

誰にでも言えることですが、恋人や夫婦になる相手とは、波動がピッタリ釣り合った状態、わかりやすく言うと「波長が合っている」状態です。釣り合いが取れなくなって別れるときは、なにかを必ず学んだはずなのです。そのなにかを学ぶために神様が引き合わせたと言ってもよいでしょう。

その経験に感謝して、相手も自分も責めずに、「ありがとう」と天国言葉を使うことのできる人は、これからの人生に大きな幸せを呼び込むことができます。

わたしは普段、パソコンで原稿を書いていますが、文章を修正して上書き保存するときに、「人生の物語を書き綴るときと同じだ」とよく考えます。

人生はいくらでも書き直しできるのです。それは、過去を自分の都合のよいように改ざんするという意味ではありません。たとえば、「あのページは嫌い」と地獄言葉で塗りつぶしてしまったとしたら？

「イヤなページ」は形を変えて、またあなたの前に現れるのです。

でも、過去を否定しないで、そこに前向きな意味を見出せたときに、そのページは、それまでと違う輝きで置き換えられます。

この「天国言葉での置き換え機能」を使うたびに、あなたの人生は希望に満ちあふれた、さらにかけがえのないものとして充実していきます。

「まだ、とてもそんな風には考えられない」と過去のページをたぐっている方は、「いつか必ず幸せな天国言葉で書き直しができる」と、信じていてくださいね。

さて、後日、マイさんがわたしに言いました。

「わたしもカレも、当時は本当に人間として未熟だったわ。それを学ばせてもらったのね。楽しいことや幸せなこともいっぱいあったし、いまは、カレに幸せになっていてほしいと心から思うな」

マイさんが破り捨てたかったページは美しく修繕されて、きらきらと輝いています。

おさらい

過去を天国言葉で語ると、そのページはひときわ輝きを放ちます。
この「天国言葉での置き換え機能」が、物語をさらに充実させていきます。

「地獄言葉」を人に言われてしまったときは？

自分で気をつけていても、人から地獄言葉を使われてしまった、あるいは、ほかの人が言われた地獄言葉が耳に入ってしまう場面もあるかもしれません。心ない言葉に胸がキューッとなって、元気が奪われてしまいますね。それくらい、地獄言葉の毒は侮れません。

そういうときは、「あの人は、地獄言葉を使ってはいけないと教えてくれるために現れたんだ」と考えるようにしましょう。「勉強になりました。ありがとう」という気持ちで、あなたは笑顔で天国言葉を使い続けてください。

地獄言葉に惑わされないでいると、よい波動が「気」としてあなたの周囲に漂い、自然と同じ天国言葉を使う人たちが近くに集まります。

また、季節やお天気の変化に喜びを見出せる人は、天国言葉の名人になれます。四季がある日本には、季節のうつろいのように細やかで美しい言葉がたくさんあります。天候を表す言葉ひとつにも、実に味があります。

「花曇」「五月雨《さみだれ》」「涼風《すずかぜ》」「野分《のわき》」「小春日和」……。

このような日本の風土が生みだしたデリケートな言葉、独特の響きを持つ美しい言霊を、日常生活に存分に取り入れましょう。豊かな感性で美しい日本語を話す人には、地獄言葉遣いの人は近寄れません。

そうして天国言葉を使い続けていると、神様が「この子は、幸せな言葉の力を信じているな」と、「合格証」をくださいます。

この合格証をいただいた人にたまに起きることですが、それまで次々と起こっていたよいことが、ある日突然、起こらなくなることがあります。それは、もうその人が合格証をもらって、次の次元にワンランクアップしたということを意味します。

なぜ「天国言葉」を使い続けているのに、よいことが起こらなくなってしまうのでしょうか。それは、「天国言葉」を使うのは、なにも特別なことではなく、当然のことだからです。ですから「合格証」をもらったら、今度は人から天国言葉を使われる人を目指しましょう。人から天国言葉を使われる人になると、自分が天国言葉を使っていたときより、さらにパワーアップしたよいことがやってくるようになります。

人にしてもらってうれしいこと、楽しいことを、人にしてあげられる人になってください。ますます波動が美しく光り輝き、よりよいことが起こるようになります。

おさらい

地獄言葉を使う人は、反面教師としてあなたに教えてくれているのです。感謝しながら、人から天国言葉を使われる人を目指しましょう。

感謝の気持ちを言葉にする

感謝の気持ちは黙っていても相通じるもの、と思いたいところですが、実際は言葉にしなければ伝わりません。素直に感謝を口にだせば、あなたの魂はもっと向上していきます。

日常で感謝の気持ちを言葉にすることが少ない家族にこそ、「ありがとう」をたくさん言ってください。照れくさいですか？

家族は、「あなたが今世で、もっとも『ありがとう』を言うため」に、家族として生まれてきた人たちです。あなたとの結びつきも、この世でいちばん強い人たちです。

どうぞ心を込めて、「ありがとう」を言ってください。

食べものをいただくときに、心を込めて、「いただきます」「ごちそうさま」を言うのも、とても重要でステキなことです。

食材そのものや、食材を作ってくれた人、食事を作ってくれた人（自分のときもありますね）、健康にいただける自分、それらすべてを生みだしてくださった神様に感謝して、毎日の食事をいつでもおいしくいただきましょう。

あなたが愛され、命をいただくことを許されて、生かされていることに気づくはずです。

おさらい

家族はいちばん「ありがとう」を言うべき人たち。たくさん言葉で伝えて。毎日の食事を感謝していただく姿勢も、魂を美しく向上させます。

その３　ハートをピカピカに磨く

美しい人とは、どんな人のことを言うのでしょう。姿や形に恵まれていても、地獄言葉ばかり使っている人は少しも美しくありません。

同性・異性を問わず好かれる人は、表情、物腰、言葉遣いが魅力的で、明るい波動をしています。ハートが美しくピカピカに磨かれている人は、幸せなことで満ちています。

３つの「磨く」魔法の最後に、ハートの磨き方を学んでいきましょう。

「楽しい」方向を探す習慣をつける

あらゆるものごとは、2つの局面を持っています。大きな意味で分けると、「楽しい」「楽しくない」の2つです。

たとえば、「がんばって」と声をかけられたときに、「うれしい！　がんばります」とエネルギーとして受け入れる人と、「わたしが、がんばっていないからそう言うの？」とガッカリしてしまう人がいます。

2人は見えている風景が違うのです。あなたは、ぜひ「楽しい」が見える方向を探す習慣をつけてください。「楽しくない」風景が見えてきたら、「必ず楽しい方向があるはず」だと思いだしてくださいね。

もし、「つらすぎて楽しい方向が探せない」と感じているのなら、そのときこそ、より成長するチャンスです。あなたを叱責し意地悪する人は、実はあなたの成長のために、その役を引き受けてくれた味方なのです。

生まれてくるときは全ページがまっしろな状態だった「あなたの物語」ですが、おおまかなあらすじは神様のもとにいるときに決まっています。決めたのは、ほかでもないあなた自身です。

細かいストーリーは生まれてからの日々の行動で、どんどん変更されていきますが、家族、出会う人、大きな転機などは、生まれる前に、あなた自身が選んで設定しました。このとき、あなたは考えたのです。

「成長するためには、幸せなことばかりでなく、わたしに厳しいことを言って、ときには意地悪をする人たちも必要かもしれないわ」

あなたが誰にお願いしようか困っていると、「あなたに意地悪するのはイヤな役まわりだけど、あなたのためにその役を引き受けてもいいよ」と手を挙げてくれた人たちがいました。その人たちこそ、あなたがいま出会っている意地悪する人たちなのです。

だから、出会った人たちの一面だけを見て、「楽しくない」と決めつけてはいけません。すべてが、あなたの「楽しい」に繋がっています。それに気づけたとき、不思議と意地悪な人もいなくなっていきますよ。

おさらい

あらゆるものごとには楽しい局面が必ずあります。いつも楽しい方向を探す習慣をつけましょう。

迷ったら楽しいほうを選ぶ

なにかに迷ったときは、「自分にとって楽しいかどうか」で判断しましょう。

人は、つい「正しいか」「正しくないか」で考えてしまいがちですが、「正しいほう」ではなく、いつも「楽しいほう」を選ぶようにしてください。

そうやって楽しいほうを選んでいると、必ずあなたにふさわしい幸せな結果がもたらされます。

わたしたちは毎日、本当にたくさんの小さな選択をしながら生きています。

たとえば、夜、どうしても眠れないとき、あなたならどうしますか？

「明日、早いのに……」と焦りながら、まんじりともしないでいると、かえって大きなストレスになってしまいます。思いきって起き、読みたかった本を読んですごすほうが、ずっと楽しい、とわたしは思います。

おさらい

迷ったら、いつも「楽しいか」「楽しくないか」で考えましょう。
楽しいほうを選んでいると、必ず自分に見合った幸せが訪れます。

アクシデントは「おもしろいこと」に転化する

わたしは、食事中や買いものをしているとき、旅先などで、とにかくよく笑います。外出中に笑いすぎて、「いま、電車に乗ったら、ほかの人の迷惑になっちゃう」と、電車を見送ったこともあります。わたしの笑いのツボが多い？

確かに、そうかもしれませんね。わたしは、ものごとの楽しいことしか見ないからです。

旅先などで、「道に迷った」「渋滞している」と、アクシデントがあるたびにイライラしている人がいますよね。でも、なにかが起こったときにビックリしてしまうと、小さなことも大きなショックに感じてしまいます。アクシデントは、「おもしろい」に転化してしまいましょう。

わたしも以前、沖縄で道に迷ってしまったことがあります。「ああ、これは神様がゆっくり行きなさいとおっしゃっているんだわ」と思い、偶然、見つけたカフェでお茶をしていたら、待っているうちにとてもよいお天気になってきて、得をした気持ちになりました。

渋滞に巻き込まれたときも、「これぞゴールデンウィークだね」と雰囲気を楽しんでしまいます。そして、「先頭の人は、自分が渋滞の先頭だって気づいてないかも。でも、神様が上から見たら一目瞭然じゃないかな」なんて想像すると、おかしくなってきて、つい笑ってしまいます。

アクシデントを、いつでも「おもしろい」に転化することができると、「イヤなこと」はひとつもなくなってしまいます。

おさらい

アクシデントに驚くと、小さなことも大きなショックに感じてしまいます。慌てず「おもしろい」に転化すると、イヤなことはなくなります。

心配なときこそ「わたしは大丈夫!」と唱える

「病は気から」と言いますが、「不運も気から」です。

行きすぎた心配は不運を実現させます。そういうときこそ、「わたしは大丈夫！」と口にだすのが、おそれを心から追い払うもっとも心強い方法です。

カウンセリングで、わたしがいくら「この先によいことが起こります」と言っても、心配する人はどこまでも心配してしまいます。しかし、おそれるのをやめたときに、ちゃんと自分に見合ったよいことが起こるのです。

「わたしは大丈夫」という言葉は、あなたのお守りになってくれます。

わたしが若い頃の話です。わたしは、師匠の斎藤一人さんに、「どうして、あの人は意地悪をするんだろう」と、愚痴をこぼしました。

「理絵ちゃん、いまはつらいかもしれないけれど大丈夫だよ」

一人さんは、いつもわたしにそう言ってくれます。しかし、そのときのわたしは素直に聞くことができず、「一人さんは、いつも大丈夫って言うじゃない！」と口ごたえをしてしまいました。一人さんは、怒るでもなく言いました。

「でもね、理絵ちゃん。僕が、いままで理絵ちゃんに『大丈夫だよ』って言って、大丈夫じゃなかったことはないでしょう？」

あっ、本当にそうだ。腑《ふ》に落ちた瞬間、ふっと心が軽くなって、同時に涙がいっぱいこぼれました。

神様は、乗り越えられないものは、わたしたちに与えません。どんなにつらく思えるときも、自分の力を信じて「わたしは大丈夫」と言葉にすると、言霊が必ず大丈夫な状況を運んできてくれます。

自分の言葉は、人から発せられた言葉よりも強力な言霊を持っているのです。

おさらい

心配なときは、「わたしは大丈夫！」という言葉がお守りになります。自分を信じて「大丈夫」と言うと、必ず大丈夫な状況がやってきます。

人のことを心配しない

カウンセリングに来られる方のなかには、家族や友人や恋人など、自分以外の誰かのことを心配して訪れる方がたくさんいらっしゃいます。その方たちにもお話ししますが、わたしは、まず「人の心配はしない」ことを強くオススメします。

「子どもの受験がうまくいきますように」という親心からの願いごとは、１回すれば十分です。発表まで毎日願い続けるのは、「受からないかもしれない」と、疑う心があるからです。

だから、一度願った後は、心配に思う相手の力を信じて、自分は仕事にいそしむこと。これ以上のサポートはありません。お母さんであれば、どうぞ家族のための家事など、日常の仕事を一生懸命にこなしてすごしてください。お父さんであれば会社の仕事ですね。

あなたの大切な人には、心配なときこそ「信じている」と言葉にして伝えてあげてください。「信じているから大丈夫」という思いが、その人だけではなく、あなた自身のことも、心配から守ってくれます。

また、心配しない最大のコツは、「人と比べない」ことです。誰かと比較すると、とたんに心に焦りが生まれます。焦りはおそれになり、心を覆ってしまいます。恋人の有無や結婚の適齢期、収入、貯蓄額を人と引き比べても、それは無意味なこと。いま手にしている幸せにしっかりと目を向けましょう。

おさらい

大切に思う人には、「信じている」と伝えるのがいちばんのサポートです。誰かと比べると無意味なおそれを生むので、人と比較してはいけません。

考えても答えのでないことは考えない

「5分間、考え続けても答えがでない悩みごとは考えない」

これが、わたしのモットーです。そのまま10時間考え続けても、望むような答えは見つからないと思うからです。もともと、あまり悩む性格ではありませんが、まれに煮詰まったときも5分で切り上げます。

そして、太陽の光を浴びて深呼吸し、掃除など、まったく別のことに取りかかります。思考を思考で打ち消そうとすると、結局、また悩みの迷路に入り込んでしまうので、頭を切り替えるために、体を動かすのがオススメです。

散歩や、のんびり入浴するのもいいでしょう。気分転換にスポーツをするのもいいかもしれません。ひたむきに体を動かしていると、考えなくてすむようになります。回答がでないことは、いま考えなくてもいいことなのです。本当に必要であれば、必ずヒントがやってきます。

おさらい

5分間、考えても回答がでないのは、考える必要のないことだからです。
気分転換に体を動かして。必要なら、必ずヒントがやってきます。

自分の仕事、やるべきことに関連する本を読む

以前、小さな洋菓子屋さんを経営されている男性がカウンセリングに見えて、

「商売を軌道にのせたいんです。もっとスピリチュアルの勉強をしたほうがいいでしょうか？」と尋ねられました。

熱心な方でパワースポットなどにも詳しいのですが、「理絵先生が言っていた沖縄のあの場所にはまだ行けていなくて」「昔、あそこに行ったのがいけなかったのか」など、本業とは違うことばかりを気にされていました。

「そういうことを気にするよりも、あなたのお仕事に関連した本をたくさん読んでください。味に自信があるのなら次は接客を学ぶために、人気のお店やテーマパークなどを実際に見て歩いてください。きっとうまくいきますよ」とアドバイスしました。その方は、現在では支店を含め10店舗を展開して、ご活躍しています。

カウンセリングにいらっしゃる方で、スピリチュアルの関心が高くても、本業に関係した本を読まない人がいます。仕事を成功させたいと素直に願っているのに、もったいないことです。まずは、本業に関係した本をたくさん読んでください。そして、本業に関連した現場を自分の目で見ることです。

ひとつずつ研究して謙虚に考え、誠実に行動を起こしている人には、必要としているヒントが必ず手に入ります。

おさらい

仕事で迷ったら、本業に関係した本をたくさん読んでください。
あなたの誠実な波動が、必要としているヒントをたくさん呼び寄せます。

開運アイテムをたくさん持つ

あなたが大切に思うアイテムは、あなたにパワーを与えてくれます。あなたが心地よいと感じるものは、すべてあなたにとっての開運アイテムになります。わたしは、自分で作った水晶のネックレスやブレスレットを、お守りとして大切にしています。とてもいい気を与えてくれるからです。

パワーストーンに限らず、心から大切に思えるものをたくさん持つのは、とてもよいことです。香り、本、映画、絵、音楽……なんでもかまいません。身につけたり、見たり、聴いたりすることで、元気がでて幸せな気持ちになれるもの。そんな、あなただけの開運のアイテムをいっぱい持ってください。

開運と言っても、運気や結果にとらわれてはいけません。楽しみながら幸せを感じていると、あなたの幸せな波動が自分に返ってきます。

おさらい

元気がでる、落ち着くと感じるものはすべて開運アイテムになります。楽しみながら幸せな気持ちでいると、幸せな波動が自分に返ってきます。

ステキな言葉を紙に書いて飾る

心に残るステキな言葉に出会ったら、ぜひ紙に書いてみてください。

「いいな」と直感で感じる言葉を文字として見ると、頭で理解したときよりも、言葉が持っているよい気を吸収できる場合があります。また、その言葉を飾った空間も、明るい波動で満たされます。

わたしが宝物にしているのは、師匠の一人さんが「いま神の愛によりすべてのことがうまくいきます」と書いてくださった色紙です。

朝、起きたとき、最初に目に入る場所に飾ってあります。目が覚めた瞬間、その色紙を見て笑うことから、わたしの1日は始まります。東京、いわき、講演先など、どこにいても変わらない日課です。

鏡の前に、「あなたの笑顔大好き」と書いて貼るのもステキです。朝いちばんに、その紙を眺めて笑ってみてください。きっと、あなたの1日も、明るく清々しくスタートするはずです。

わたしが色紙をプレゼントするときに書く言葉は、「としこさん（相手のお名前を入れます）の笑顔大好き」、「生きているということは生きていてほしいと願う神の愛です」、「笑顔」などです。相手の方の顔がほころびますようにと願いを込め、笑顔のイラストを添えることもあります。

また、カウンセリングルームの玄関やトイレなど、お客様の目につく場所には、「あなたの願いは必ず叶うよ」「あなたの笑顔は人も自分も助けるよ」という2種類の色紙を飾っています。

わたしが、言葉を紙に書いて目で見ることを大切にするのは、幼少期の体験に基づいているのかもしれません。

わたしが生まれ育った家には、台所、トイレ、お風呂に「ありがとうございます」と筆で書いた和紙が貼られていました。祖母が、「神様は、いろいろな場所にいらっしゃるから、『ありがとうございます』と書いておくの」と教えてくれました。
神様がいらっしゃると思ったらとてもうれしくて、家のいたる場所で、その紙を見ながら「ありがとうございます」と手を合わせるのが習慣になりました。祖母がしたためた文字が貼られた空間は、気がとても温かく、優しかったのを覚えています。

紙に書いて、いったん、言葉を思考から取りだすことで、次の新しいステキな言葉がスムーズに心の中に入ってくる効果もあります。そのためには、ステキな言葉と出会ったら、忘れないようにすぐ書き記しておくことをオススメします。わたしは講演や旅先でも、いい言葉を見つけたら必ずメモに残し、メモが取れないときは携帯で写真に撮っています。

また、家の中では、いつでもメモが取れるように小さなノートを手元に置いています。そのおかげで、宝物になる言葉がいっぱい詰まったノートが何冊にもなりました。次のページにわたしの書いた色紙を紹介しますので、みなさんも参考にしてください。

あなたも、「好きだな」と感じる気持ちのよい言葉をたくさん集めて、いろいろな場所に飾ってみてくださいね。

おさらい

ステキな言葉を紙に書いて飾ると、よりよい気が受け取れます。よい言葉に出会ったら、忘れずメモや写真に残しておきましょう。

この色紙は、一辺が7cmほどのミニサイズです。このくらいの大きさだと、リビングや机の上、パソコンの横など、好きな場所に貼ることができますね。いつも目にする場所に貼って、いい気を受け取りましょう。

第3章

もっと神様に愛される開運の魔法

ピカピカの波動に包まれた「あなたの物語」は、神様の書斎で、ひときわ光り輝いています。輝いている本は、神様がより喜んで手にしてくださるはずです。

この章では、もっと神様に愛される開運の魔法をご紹介します。それは、「笑う」「感謝する」「掃除する」の3つ。さらに明るく幸せな物語を綴るために、ぜひマスターしてくださいね。

その1　笑う

つらいな、困ったな、と不安な気持ちになったときには、まず笑いましょう。

「わたしは大丈夫！」という言霊と同じで、笑いはなによりも強力なお守りになり、悪いことを寄せつけません。

「不安なときに笑えるわけがない」とお感じになりますか？　それでは、いくつか、わたしが実践しているコツをお教えしますね。わたしはこの方法で、困りそうなときにこそ笑う習慣がついています。笑っていると、困ったことはまず起こりません。あなたも、笑いの習慣を身につけて、よいことだけを呼び込みましょう。

なにはともあれ、笑う

あなたには、お気に入りの笑える〝アイテム〟はありますか？

お笑い番組、コメディ映画、本、コミック、インターネットサイトなど、なんでも構いません。日常的に暮らしに取り入れて笑ってください。落ち込みそうなときほど笑うのです。笑いは心のお守り、ゆとりを生む特効薬です。ゆとりのある心に、悪いことは忍び寄れません。ゆとりが生まれると信じて、笑ってみましょう。

また、なにか問題が起きたときは、けっして慌てないこと。これには少し訓練が必要ですが、「自分は慌てる人だ」と知っていれば大丈夫です。予期しない事態が起こったら、まずひと呼吸置きましょう。そして焦らずに、「おもしろいね」「笑えるね」と、口にだしてみてください。

大事にならなかったので、笑い話としてお話しできるのですが、わたしの実家で以前、ボヤ騒ぎがありました。火元は、父が趣味の陶芸をする離れです。本当に、たいした失火ではなかったからですが、不謹慎にも、わたしたち家族は、みんなで笑いながら火を消し止めたのでした。

念のためにいらしてくださった消防署の方に、「こんな陽気な人たちは初めてですよ」とあきれられましたが、あのとき誰一人慌てなかったからこそ、大事に至らなかった側面もあると思います。

もちろん、大きな危険が迫っているときは別ですが、気持ちが焦ったばっかりに、事態をより悪くしてしまうことはよくあります。

まずは、なにはともあれ笑うこと。そうすれば、事態は悪い方向へは行きません。

おさらい

不安なときほど意識して笑いましょう。心にゆとりが生まれます。どんなときも「おもしろいな」と口にだせると、事態が好転します。

うわさ話は、軽く笑って聞き流す

「あの人が、こんなふうにあなたのことを悪く言っていたみたいよ」

ときどき、親切な忠告とばかりに、そんな話をしてくる人がいます。そういうとき、わたしは「うわさの悪口を教えてくれるなんて、おもしろい人だなあ」と、笑って受け流すことにしています。教えてくれた人にも、「そうなの？　じゃあ、本人から聞いたときに考えるわ」と笑って答えます。

伝聞には必ずバイアスがかかっていますし、「忠告」という形を借りて悪いうわさを話したがる人は、あなたとその相手の関係を断ちたい、あなたから悪口を誘導したいなど、なにか魂胆があるのです。

人のうわさ話は止められませんが、話を受け取る・受け取らないは自分で決められます。「誰が言っていたかは言えないんだけど」などという話は、「それも不思議な話ねえ」と、笑って受け取らないことです。「どうすれば、自分を信じられますか？」と尋ねる方がいらっしゃいますが、まず、人のうわさ話に惑わされないことから始めましょう。

笑って受け流しているうちに自分を強く信じられるようになり、「あなたの物語」が清らかで魅力的な言葉であふれていきますよ。

おさらい

忠告に見えても、うわさ話には悪いバイアスがかかっています。うわさは笑って受け流すようにすると、自分を信じる力になります。

笑えないときは、場所を変えて楽しい気を取り入れる

どうしても笑えないときは、場所を移動してみましょう。あなたを取り巻く悪い気が周囲にも充満しているので、ひとまず避難して、気分転換するのです。屋内の場合は、別の部屋や屋外に移動します。

わたしは、よく考えごとをするときに空を見上げると書きましたが、外の空気を吸いながらランチを取るのも好きです。ベランダでお日様を浴びながらおいしいものをいただくと、楽しいエネルギーがどんどん満ちてきて、自然と笑顔になっています。

いい雰囲気だな、心地いいな、とあなたが感じる場所に出かけて、よい気を取り入れるのも効果的です。場所を移動しづらいときは、窓を開けて部屋の空

気を入れ換えながら、柏手《かしわで》（神社で拝むとき、両手を打ち合わせて鳴らすこと）を3回、打ってください。部屋に満ちたネガティブな気が祓《はら》われます。

体を動かすのもよい方法です。庭がある人は土いじりや、ベランダでストレッチ（軽く伸びをするだけでもよいです）など、簡単な運動でも、ずいぶん気分は変わります。わたしは、よく掃除や散歩をします。

普段から、気持ちのよい香りを見つけておくのもいいことです。その香りを焚《た》く、あるいは身につけると、気分が明るくなるものを探してみてくださいね。わたしは、20歳のときから同じフレグランスを使っていますが、その香りに包まれると安心し、気持ちが明るくなります。

おさらい

笑うのが難しいときは、場所を変えてよい気を取り入れましょう。体を動かす、気分が落ち着く好きな香りを焚くなどもよい方法です。

その2　感謝する

「ありがとう」は、言った人も、言われた人も元気になる慈愛に満ちた言葉です。感謝とは思いやりの心です。幸せに気づける人は、思いやりを知っている人です。たくさん感謝をして、たくさん幸せを享受してください。感謝をすると心が豊かになり、経済も豊かになっていきます。

身の周りすべてのものに感謝する

神様からの恵みは、人との出会いをはじめ、わたしたちの身の周りのあらゆるものにあふれています。

植物に、「ありがとう、きれいだね」と声をかけると元気でいてくれることはご存じだと思いますが、ものも同じで、「ありがとう」を伝えると長持ちしてくれます。日用品、街中で見かけたきれいなもの、すべてに「楽しませてくれて、どうもありがとう」と声をかけてください。

三度の食事のときも感謝を忘れずに。昔の人は、お米には八十八人の神様が宿る（諸説ありますが、「米」の字が「八十八」と書くため。または、お米が食べられるまでには八十八もの作業があるとのいわれから）と言って、ひと粒も粗末にはしませんでした。

最近、若い人を中心にお米離れが指摘されていますが、稲作は日本人の歴史であり、命でもある神聖な食べもの。稲穂が手に入る機会があったら、ぜひ「ありがとう」と感謝の意を示し、飾ってみてください。

おさらい

身の周りのありとあらゆるものに、感謝の気持ちを抱いてください。食事の際も感謝を忘れずに。お米には神様が宿っていると言われています。

お天気の神様に感謝する

あなたは、どんなお天気が好きですか。さわやかな青空が広がり、涼しい風が吹き抜ける日でしょうか。ステキですね。わたしは、そうした晴れた日も、曇りの日も、雨も風も雪も、雷だって大好きです。

どんな天候の日でも、お天気の神様に感謝するようにしましょう。毎日がハッピーになります。

「雨は嫌い」と天気をえり好みしてしまう人は、雨が降ってほしくないときに限って雨に降られるような経験をします。

晴れた日には、外歩きをうんと楽しみましょう。曇りの日は窓ガラスの汚れが見えやすいので、わたしは窓周りの掃除をする日と決めています。「曇りの日は、屋外ですごしやすいから草むしりに最適」と言った方もいました。そう考えると、曇りの日もなかなかありがたいですね。

雨の日の読書は最高の楽しみです。シトシト降る雨音とページをめくる音。いつもより、ゆっくり時間がすぎるように感じます。この静かで豊かな時間がわたしは大好きです。雨の匂いも大好き。「恵みの雨」とも言うように、雨は、わたしたち生きものを育んでくれる大切な栄養でもあります。

いかがですか？　どんなお天気でも、神様に、「ありがとうございます」と言いたくなりますよね。

おさらい

どんなお天気のときでも、自分に合った幸せなすごし方があります。
いつもお天気の神様に感謝して、さまざまな天候を楽しみましょう。

神社では、願いごとではなく感謝を伝える

神社に行くと、おのずと背筋が伸びるような、体に染み渡る清々しいよい気をいただけます。年末年始だけではなく、時間があるときには、ぜひ訪れてくださいね。しかし、自分のお願いごとだけをたくさん伝えて、神様に感謝をお伝えし忘れる方が多いのはとても残念なことです。

神様の前では、願いごとではなく、現状の感謝をお伝えします。そして、自分が抱いている希望や決意を述べ、「がんばります。見守っていてください」と笑顔でお祈りするのです（「がんばる」とは、頑《かたく》なに意地を張るという意味の「頑張る」ではなく、顔が晴れやかになるように「顔晴《がんば》る」ことです）。

願いにともなった行動をする人には、神様がちゃんと手を差し伸べてくださいます。行動しなければ、あなたの物語も白紙のまま。だから、願うだけではなく行動することを、ちゃんとお伝えしましょう。

もちろん、あなたの好きな神社に行かれてかまいませんが、ぜひご自分の家の近くの神社にもごあいさつしてください。地域の守り神である「氏神様《うじがみさま》」は、もっともあなたの近くにいらっしゃる神様です。住所と名前を言い、「いつもありがとうございます」と感謝の気持ちをお伝えしましょう。きっとあなたを守ってくれます。

おさらい

神社では、願いごとだけでなく生かされている感謝、決意をお伝えします。地域の氏神様には、ぜひともごあいさつをしましょう。

住んでいる場所に感謝し、褒める

自分が住んでいる場所を好きになること。これも、神様に愛される大きな要素です。住む場所に感謝すると、氏神様が守ってくださいます。地元の悪口を言う人、住んでいる家を大切にしない人は、足元がユラユラと不安定な状態です。これでは、底力が出せません。

引っ越しで悩んでいる人は、まず、いまいる場所に感謝することです。ほかの場所と比べるのはやめて、いい部分を探してください。その上で検討するのであれば、きっと神様が手伝ってくださいます。

わたしは、長いこと実家のあるいわき市と東京のカウンセリングルームを行き来しています。東京にも自宅がありますが、やはり自分のホームはいわきだという強い気持ちがあります。いわきが大好きです。

毎日、楽しく仕事をさせていただけているのは、両方の土地の神様が守ってくださっているからだと、つくづく感じています。土地の神様のパワーはすごいもので、どうやっても結局、その土地に呼び戻されてしまう人もいます。その土地の氏神様とその人が相思相愛なのでしょう。

先日、編集者の方と３人で打ち合わせをしていたときのことです。お１人が

悔やむように、「昔、実家が引っ越した先がとてもイヤで、母と悪口ばかり言っていたんです。よくなかったです」と言いました。

「問題なく終わったのだから、大丈夫」と、わたしが返すと、彼女の顔がぱあっと明るくなりました。過去の持ちこし苦労はいけません。すぎたことを、いつまでも悔やんでいても始まらないのです。そのときでした。「彼女は、いま住んでいる場所についても気にしているから、『大丈夫だよ』って教えてあげなさい」と神様からメッセージが届いたのです(必要なときは、カウンセリング以外でもこんなふうに神様からメッセージをいただきます)。

「いまの家は、気が最高ですよ。近くに小学校があるでしょう？　明るい波動があふれています。とってもよいお家に入りましたね。その場所を離れないようにしてくださいね」

「わあ、うれしい！　いまの家に住み続けるかどうかずっと迷っていましたが、最近、一大決心をしてリフォームを始めたところなんですよ」

打ち合わせのはずが、わたしの発言でカウンセリングのようになってしまいました。でも、彼女には、より多くの幸せが訪れるはずです。

おさらい

住んでいる場所、家を好きになると、氏神様が味方をしてくださいます。地にしっかりと足が着き、心の底から幸せのパワーがわいてきます。

その3　掃除をする

きれいな思考、よいアイディアは、美しい空間から生まれます。

神社やお寺が気持ちよいのは、隅々まで掃き清められ、神様、仏様が心地よくしていらっしゃるからです。神様は美しい場所が大好きです。ぜひ、お掃除の習慣を身につけ、神様から〇《マル》をもらいましょう。家をきれいに整えると、あなたの自宅がパワースポットになりますよ。

できるところからスタート

自分の部屋、トイレ、お風呂など、まずはどこかできそうな場所から始めましょう。完璧にやろうと考えてはいけません。まずは、できる場所からひとつずつ。そうしているうちに、ちゃんとバランスが取れていきます。

どう整理していいか迷う方は、まずお花を買うことをオススメします。フラワーベースを置く場所を確保するために工夫せざるを得ないでしょう？　お花の居場所から、きれいな空間を作る工夫が広がっていきます。

神様も植物も、人間も、きれいな空間が大好きです。掃除はきれいな空間を作り、神様に喜ばれる、楽しくて、いいことづくめの行動です。

片づけが苦手なら、部屋のドアノブや床などを、目についたとき、こまめに拭くことだけでもよいのです。「毎日、こまめ」に勝る掃除方法はありません。

おさらい

「今日は、ここだけ掃除しよう」という少しずつからスタート。神様も人間もきれいな部屋が大好きです。無理せず楽しみながらどうぞ。

塩のお清めパワーを取り入れる

お塩に穢《けが》れを清める力があることを、日本人は古くから知っていました。葬礼の際や建築時の地鎮祭《じちんさい》・上棟式《じょうとうしき》、大相撲の取り組みなど、現在でもさまざまな情景で、まき塩を目にしますね。

一方、盛り塩は飲食店の店先などで見かけることが多いと思います。よい気を集めて、お客様を呼び寄せるとともに、悪いものを水と一緒に吸い取る作用もあります。このまき塩と盛り塩を、ぜひ取り入れてください。

まき塩のやり方は、掃除した玄関や部屋などに塩をまいて、10分以上おいた後、掃除機で吸い取るかほうきで掃き出します。空間がスッキリ明るくなります。盛り塩は、用意した器とバランスが取れる高さの三角錐《すい》に盛ります。三角形には、天と地を結ぶパワーが込められているからです。富士山、ピラミッドなどは安定した三角形で、強力なエネルギーを集積していますね。

盛ったら、部屋の四隅に置きます。家具がある場合は、その上に置いてください。「自宅が3階建てなんですが、各階に必要ですか？」と聞かれますが、1階に置けば、結界を張れているので安心してください。

わたしはお神酒《みき》をいただく盃に、天然のお塩を3㎝ほどの三角錐に盛っています。部屋の四隅、玄関、台所、トイレ、浴室、どこにでも神様はいらっしゃいますから、それぞれに置くようにしています。スタッフの千栄ちゃんお手製の型紙（厚紙を貼り合わせて三角錐にしたもの）のおかげで、いつも形よくきれいに盛られています。

よく、カウンセリングにいらっしゃる方から、お塩について質問をいただくことがあるのですが、いちばん多いのが、どんなお塩が適しているか、です。化学的な処理を施した精製塩でなく、天然塩であればなんでもかまいません。自然の恵みがたっぷり詰まった天然塩は、浄化作用がとくに高いのです。もちろん、調理用と兼用していただいて結構です。

捨て方については、わたしの場合は、毎月1日に交換すると決めていますが、湿気で溶けてしまったら、取り替えてください。捨てるときは、「ありがとうございました」とお礼を言って、台所の流しかゴミ箱に処分します。

おさらい

自然の恵みを含んだ天然塩には、高い浄化作用があります。
まき塩、盛り塩で各所をお清めすると、清々しくてよい気が集まります。

玄関を掃き清める

玄関は、外界と室内を結ぶ場所です。玄関の語源は老子ですが、日本では鎌倉時代に「玄妙《げんみょう》な（奥深い）道に入る関門」として、禅宗寺院の入り口に用いられました。現代では広く一般家屋にも作られるようになりました。

外とつながる玄関は、家の中でもとくに重点的に清めておきたい、家庭の顔ともいえる場所。塩をまくほかにも、水を打って掃き、ブラシで磨くとよいでしょう。

靴や傘も出しっぱなしにしないで、きちんと収納しましょう。玄関のドアや窓もきれいに磨きます。マンションなど共用スペースがある場合は、廊下やエントランスも意識してきれいにしてください。ほかの方も気持ちよくすごせて、よい気があなたの玄関に流れてきます。

各部屋にも言えることですが、気の流れを停滞させてしまうので、ドアのそばにゴミ箱を置かないことも大切です。

おさらい

玄関は、外界とつながる家の大切な顔です。つねにきれいにする習慣を。よく清めるために、塩を用いるほかに水を打って磨くといいでしょう。

福の神を迎え入れるスペースを作る

わたしの著書『幸せなかたづけで夢をかなえる魔法の教科書』（マイナビ刊）でもお掃除の大切さをお伝えしているのですが、なぜお掃除をするといいことが起こるのかをお話ししますね。

それは、貧乏神に好かれなくなるからです。貧乏神というと、「お金がなくなる」と思う方が多くいらっしゃると思いますがお金ばかりではありません。

貧乏神に取りつかれたり、好かれてしまうと、こんなことが起こります。

考えが貧しく（マイナス思考に）なる
発想が貧しく（変なことばかり思いつくように）なる
言葉が貧しく（地獄言葉に）なる

不潔になり、掃除を嫌がる

また、福の神は汚いところを嫌います。せっかく福の神があなたのもとへやってきても、貧乏神があなたのそばにいるのがわかれば、すぐに出て行ってしまいます。つまり、貧乏神がいる状態で「幸せになりたい」と願っても、残念ながら幸せにはなれないのです。

カウンセリングにいらっしゃるお客様のなかには、わたしが「幸せになるためにお掃除をしましょうね」と話すと、こうおっしゃる方もいます。

「掃除しようと思っているのですが、眠くなって寝てしまうんです」

寝ぼけ眼の貧乏神がついています。

「掃除しなきゃと思うのですが、ついついテレビを見て時間がすぎてしまうんです」

サボり癖の貧乏神がそばにいます。

「あんまりきれいだと落ち着かないんです。多少汚いほうが居心地がいいんです」

こういう方は、年季の入った(笑)、貧乏神が取りついています。

貧乏神の言葉に耳を貸しては、いつまで経っても福の神が入ってこられません。とてももったいないことです。もしも、あなたがいい仕事がきたと思ったのに直前でキャンセルされたり、いつもいいところで何か邪魔が入ってしまうということがあれば、徹底的にお掃除をして、貧乏神を追い出してみてくださいね。

「部屋もお家もきれいなのに、都合の悪いことばかり起きてしまう……」という方は、自分の言葉遣いや態度、心の持ち方に貧乏神が住み着いていないかをよく調べてみてください。

大丈夫。福の神はあなたのすぐそばまで来ていますよ。

おさらい

福の神は、きれいな場所が大好きな神様です。きちんとお部屋と心を整えれば必ずあなたのそばにやって来ます。

掃除スポットで、願いごとが叶う

掃除をする場所によって、改善される不調、やってくる幸運が異なります。もちろん、神様は家の中のさまざまな場所にいらっしゃるので、どこか一か所だけを掃除すればよいというものではありません。しかし、パワーを発揮する場所別の事柄を知れば、より楽しく掃除ができますね。

次のページでおもな内容をご紹介しますので、家の中をきれいにするきっかけにしてみてください。そこから、よい運気が高まっていきます。

おさらい

お掃除をするスポットによって、やってくる幸運が違います。
気になる部分を徹底的に掃除して、願いを叶えましょう。

枕元を整理すると
枕元の周辺にものを置くことはやめましょう。眠るときに、頭上にものがあると眠りが妨げられてしまいます。家具、スタンドライト、読みかけの本などが頭上にこないように配慮しましょう。

階段をきれいにすると
家屋の上下をつなぐ階段は、人体の上半身と下半身をつなぐ腰と深い関係があります。不浄な気をためないように、きれいに磨くようにしましょう。

机の上や本棚を整理すると
机の上と本棚を整理整頓し、いつでも必要なものがすぐに取り出せる環境にすると、仕事のカンが冴え、仕事運がアップします。

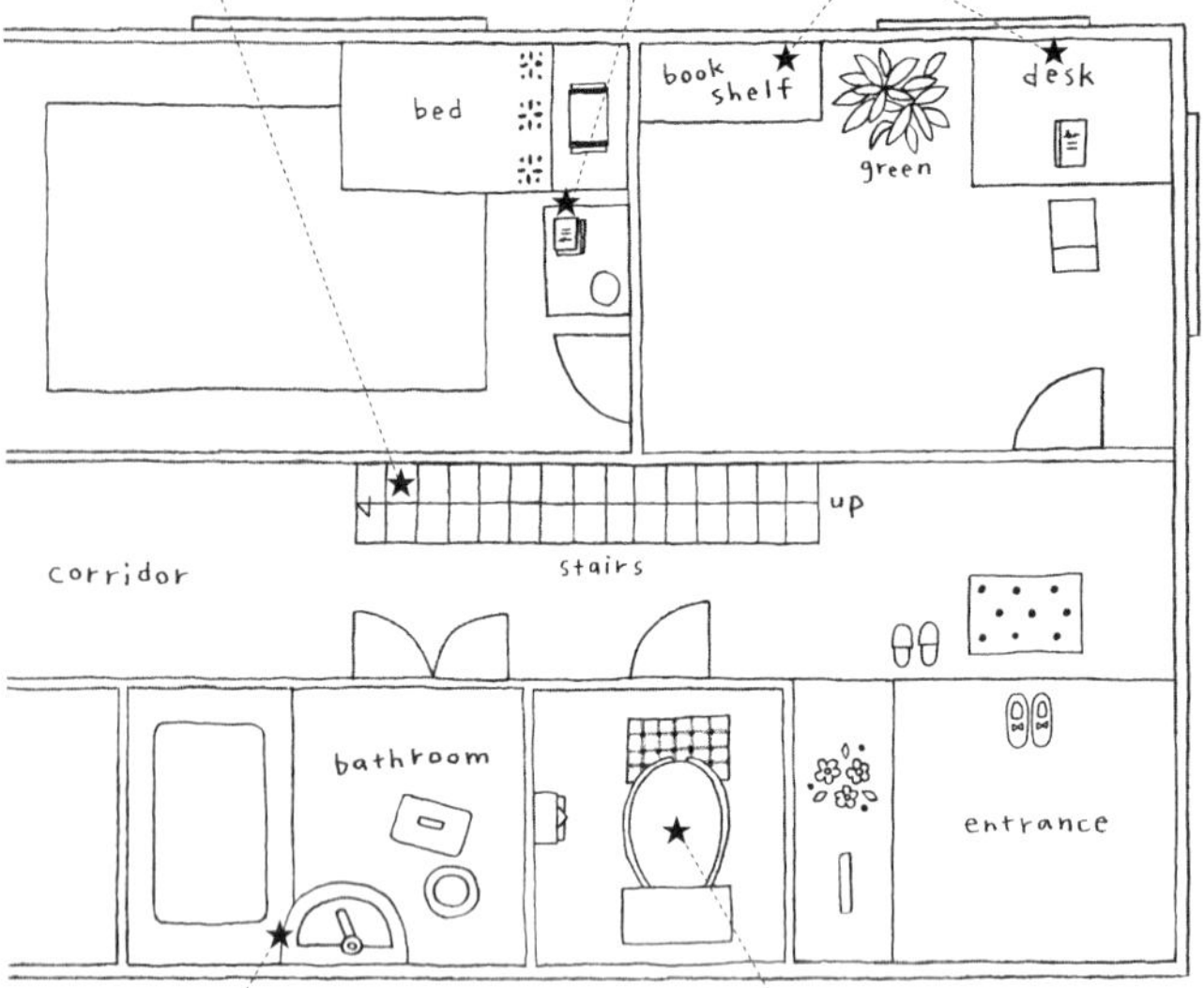

排水溝をきれいにすると
水周りは、あなたの胃腸とつながっています。詰まったり汚れたりしていると、胃腸の波動を悪くするので、台所、お風呂などの排水溝はきれいに掃除しましょう。

トイレをきれいにすると
トイレの床、壁、便器をきれいに拭き、使わないときは便座のふたを閉める習慣をつけましょう。不浄な気がたまりやすい場所ですが、こまめにふく、換気、ふた閉めで金運が磨けます。

願いが叶う掃除スポット

テーブルをきれいにすると
テーブルは、人と人が親睦を深める場の象徴といえます。テーブルの上に置いたいらないものは片づけ、いつでも楽しいだんらんができるように、美しくスタンバイしておきましょう。

窓ガラスをきれいにすると
窓が汚れていると、よい情報があなたのもとに入れず立ち往生してしまいます。窓ガラスを磨き、サッシのホコリを取りましょう。

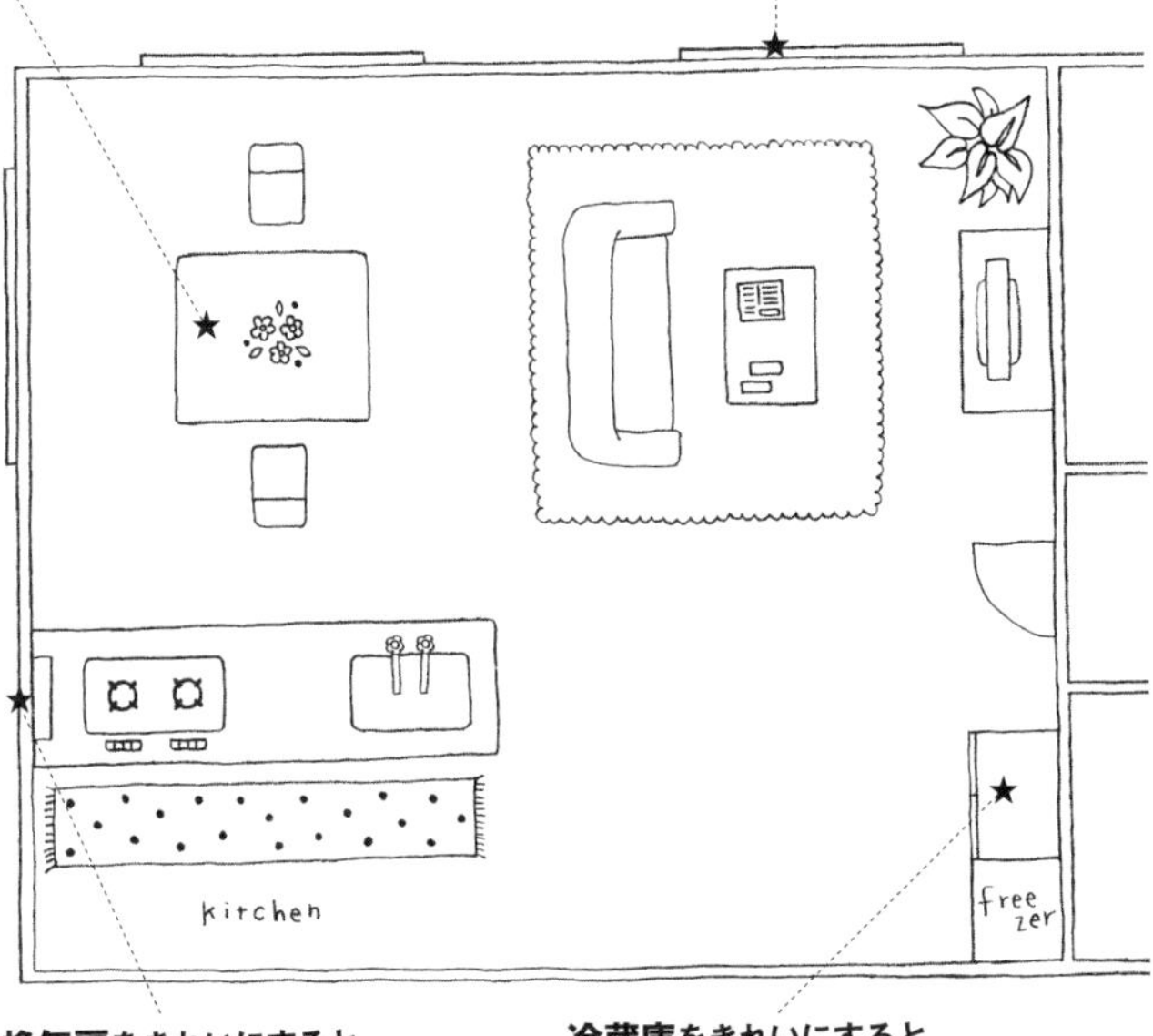

換気扇をきれいにすると
換気扇をはずし、洗剤に漬け置きして油汚れを落としましょう。家の循環機能が働かないと、呼吸器に支障をきたすので、きれいにしましょう。

冷蔵庫をきれいにすると
冷蔵庫に、死蔵品といわれる余分な買い物はありませんか？　冷蔵庫はあなたの胃袋とつながっています。庫内の整理整頓をするとともに、外側、内側ともに拭きましょう。

幸せなアイテムを置く

先日、「どうしても、家の中を掃除できないんです」という方がカウンセリングにいらっしゃいました。ご主人のご両親と同居している奥様で、大学生の息子さんと高校生の娘さんがいます。

「お兄ちゃんは、とにかく整理整頓が苦手。妹は部活に忙しくて、わたしもパートで毎日クタクタです。主人も同じです。義父母の部屋は、勝手に入るとお義母さんにイヤがられるし……」

「それなら、浴室やトイレだけでもお掃除して、きれいになった場所に好きなアイテムを置いてみるのはどうでしょう？　わたしは観葉植物やお花、自分の好きな香りのポプリ、写真や絵を置いているんです。気持ちが明るくなるので、オススメですよ」

後日、その奥様がいらして、とびきりの笑顔でおっしゃいました。

「浴室とトイレを先生に言われた通りにしてみたら、子どもたちが『すごくイイね』『ホテルみたい』って言うんです。マネをして、自分の部屋にも好きな絵を飾ったり、音楽やアロマを楽しんだりするようになったんですよ。最近では、自分で部屋を片づけるようになりました。そんなステキなホテルに泊まったことはないのに不思議です！」

不思議ですね。浴室やトイレに観葉植物や花を見かけることは、よほど高級なホテルでない限りありませんものね。でも、お子さんたちがそうたとえたのは、「ここには心が休まるきれいな波動が流れている」と肌で感じたからに違いありません。

トイレや浴室に限らず、お掃除をした後のちょっとしたスペースに、お気に入りアイテムを置いてみてください。清らかな気が家中に広がっていくでしょう。

また、トイレに関して言えば、便器のふたを閉めたり、トイレットペーパーの角を折ったりすることを習慣づけるのもいいことです。できることから始めていきましょう。

おさらい

自分が見てうれしくなる演出を、浴室やトイレにしてみてください。幸せなアイテム、小さな習慣から、きれいな波動が広がっていきます。

第4章

「豊かになる」ことはよきこと

情緒が豊か。言葉が豊か。笑顔が豊か。懐《ふところ》が豊か。よいことですね。すべて、「心が豊か」であることの象徴です。

この章では、お金の神様に愛される実践法に加えて、お金以外にも真に心豊かに生きるコツを、お話ししていきたいと思います。

いま持っているお金に感謝する

一代で財を成し、億万長者になる人もいれば、ご先祖様から受け継いだ資産を浪費して一文無しになってしまう人もいます。いったい、なにが違うのでしょうか？

２つの道を大きく分けるのは、「お金に感謝しているかどうか」ということです。お金持ちになる人は「1円にまで感謝して、お金が喜ぶ使い方をすることができる」ので、お金が仲間を呼んで帰ってきてくれるのです。

だから、あなたも「これだけあってうれしい。どうもありがとう」と、持っているお金にいつも感謝できる人になりましょう。反対に、預金通帳を見ては、「お金がない」「お金がほしい」と、やたらに言ってはいけません。なぜならそれは、いまあるお金に対して不満を言い、粗末に扱うことと同じだからです。

たとえば、あなたが食事会に誘われたとします。「来てくれてありがとう。とても楽しいわ」と言われたら、うれしいですよね。次回も来たいと思うのはもちろん、今度はお友達と一緒に参加したいと思いませんか？　反対に、「本当は、違う人を誘いたかったのに」とか、「あなたしかいないのね」なんて言われたらどうでしょう。二度と出席したくないと思うはずです。

お金の神様も同じ気持ちです。あなたがいまあるお金に感謝しながら楽しんですごしていると、仲間を呼んできてくれます。逆に、「お金がない」と言い続けていると、お金はがっかりして、お金のない状況がもっと引き寄せられてしまうのです。

わたしは、自分が持っているだけのお金で楽しむことができるので、いままでお金に困ったことがありません。20歳のときに500円で5日間を暮らしたこともありますが、「まだ500円あるわ」と、お家に感謝したり、ガソリンが入っている車に感謝したり、社員食堂(当時は食事代が無料でした)に感謝して、楽しくすごせました。

もう5万円しかないと嘆く人は、たとえ10万円あっても、やはり足りないと嘆くでしょう。足るを知る人は幸せにとっても近い人です。「足りない」と不平不満を言ってばかりの人は、お金と幸せを呼び込むことができません。

「1000円あったら余分なものを買ってしまう。100円くらいがちょうどいい」と感謝して楽しむ心が、お金を引き寄せます。

おさらい

いつでも、いま自分の手元にあるお金に感謝して暮らしましょう。「もう」ではなく「まだ」と考える人のもとにお金はやってきます。

お金が住む財布をきれいにする

第3章で、掃除をすれば運が開けるというお話をしました。カウンセリングにいらっしゃった方と話していると、家の中にいらないものが多すぎて、さまざまな運気を停滞させてしまっている様子が見えてくることがあります。

お金の神様も、きれいな場所が大好きです。お金の「家」にあたるのは財布ですね。財布の中身が乱雑だと、お金が居心地悪く感じて、出て行ってしまいます。余分なレシートや使わないカード類は整理して、いつもすっきりさせておくことを心がけてください。

わたしが知っているお金持ちの人たちは、財布の使い方がきれいです。そして、お金をとても大切に扱います。わたしも見習って、お札の角が折れていたら整え、必ず向きをそろえてからしまいます。硬貨やお札を裸で置きっぱなしにするのも、お金に失礼なことです。

よく、「金運をアップさせるためには、黄色やヘビ柄の財布がよいのですか？」と質問されます。率直に言えば、「金運」をはじめ、「健康運」「仕事運」「恋愛運」など、なにかにすべてを委ねるだけの「運」はありません。すべての幸運・不運は、自分の心が引き寄せることです。

だから、「金運は、あるもないもありません。要は、お金の神様に好かれるかどうかですが、それも、あなたの心がけ次第です。ですから、財布も愛着を持てるものにするのがいちばんですよ」とお話ししています。

あなたが黄色やヘビ革がお好きなら、ぜひお持ちください。ピンクの羊革がお好きなら、それがあなたにとって「幸運の財布」です。

わたしは、財布を新しくするたびに、それを「幸せなお金がどんどん入ってくるありがたい財布」と思うことにしています。また、幸福なパワーを高められるように、家族、友人、恋人など、大切な人たちの写真や、大好きな絵を入れています。

あなたも、財布に好きなものをひとつ入れてみてください。愛情を込めて整理整頓すると、お金の神様が笑顔でそばにいてくださいます。

おさらい

財布はお金の「家」。整理整頓し、お金を丁寧に扱いましょう。財布に好きな写真や絵を入れると、幸福なパワーが高まります。

「ハッピー家計簿」をつける

「なにに使ったのかわからないうちに、お金がなくなってしまう」

カウンセリングで、こうした相談をよく受けます。そこでオススメしたいのが、幸せを呼び込む「ハッピー家計簿」です。

まず、既製の家計簿（もちろん手作りでも構いません）を用意します。1日ずつ記入するもの、１週間ごとに管理するものなど、いろいろな様式がありますので、ご自分が無理なく続けられるタイプを選んでくださいね。

一般的な家計簿には、「収入」「支出」「残高」の項目があります。この欄を、「ハッピー家計簿」仕様に作り換えましょう。「収入→感謝」「支出→ありがとう」「残高→幸せ」と、書き直してください。

「感謝（＝収入）」という言葉を目にしながら金額を書き込むたびに、お金をいただけることに感謝する「おかげさまの心」が芽生えてくるはずです。がんばって収入を得た自分を褒めるとともに、家計を支えてくれる家族やパートナーがいる人は、相手に感謝の気持ちを感じるようになるでしょう。

「ありがとう（＝支出）」の内訳を把握すると、「今回も、使えるお金があってありがたい」と、心から思えるようになります。

「友達と楽しい食事ができました。ありがとうございます」「これから大活躍しそうなバッグが買えました。ありがとうございます」と、お金に感謝する消費ができると、お金の神様にも喜ばれます。また、毎月、「ありがとう」と言いたくなる出費を意識することで、後悔が残るような浪費は抑えられていきます。「幸せ(＝残高)」があると、「これだけ残ってうれしい」と、毎回、繰りこすときに喜びを感じられるようになります。それがたとえ100円単位だったとしても、立派な「幸せ」です。「これだけ残ってよかった」と感激できるようになりますよ。

自分のお金の使い道がよくわかっていない人は、まずは1か月のつもりで、「ハッピー家計簿」をつけ、お金の出入りを把握してみましょう。感謝できない無駄遣いや、衝動買いを防ぐことができ、「幸せ(残高)」がだんだんと増えて、ハッピーの到来に気づくはずです。

おさらい

「感謝＝収入」「ありがとう＝支出」「幸せ＝残高」と仕訳けましょう。
意識して確認するうちに、だんだん「幸せ（残高）」が増えます。

ハッピー家計簿のつけ方

月日	感謝 ~~収入~~	ありがとう ~~支出~~	幸せ ~~残高~~
9/20	給料 200,000		200,000
9/21		貯金 40,000	160,000
9/22		○子と夕食 4,000	154,000
9/23		バッグ 20,000	134,000
9/24			
9/25			

収入を「感謝」、支出を「ありがとう」、残高を「幸せ」に置き換えるだけで、ぐっと「幸せ(=残高)」を実感することができますよ。

お金は気持ちよく使う

お金をだし渋らずに「気持ちよく使う」ことも、お金が入ってくる流れを停滞させない大切な条件です。たとえば、「また支払いがある。イヤだな」と思ったり、「つき合いの飲み会で会費を払うのは、もったいない」と考えたりしていると、お金の巡りを悪くしてしまいます。

お金を払わなければいけない場面では、「払えるお金があってよかった。ありがとうございます」と感謝して、すみやかに気持ちよく支払うようにしましょう。

あなたがお金を払った先には、必ず収入を得て幸せになる人がいます。あなたも誰かが払ってくれることで幸せをいただく立場です。これを「お金が循環する幸せの連鎖」といいます。

自分も連鎖の一部であることを忘れて、「支払う側はイヤ。もらう側にだけなりたい」と考えていてはいけません。人を困らせておいて、自分だけいいことが起こるはずはないのです。

以前、「収入を増やすためには、どうしたらいいでしょうか」と相談に見えた方がいました。その人の手を取ると、公共料金などいくつかの支払いを滞らせていることが伝わってきました。ほかの人の幸せを止めてしまっているから、ご自分にもお金が巡ってこないのです。

「あなたがお金を支払わないことで困っている方たちがいらっしゃいます。大変かもしれませんが、まず、あなたが滞りなく支払って、お金の流れを循環させないといけません」とお話ししました。

お金を循環させながら楽しくすごしている人は、まわりまわってお金も返ってきますし、お金の神様だけではなく、人も惹きつけます。

また、たまにはお世話になった方などに贈りものなどをしてみてください。

人を喜ばせるプレゼントができる人は、お金の使い方が上手な証拠。小さなお土産でもいいのです。たとえば、外出先でおいしいものを見つけたら、テイクアウトをして家族や友人と一緒に楽しんではどうでしょう。１人でいただくときよりも、幸せが何倍にも増えます。

自分も人も幸せにするお金の使い方ができる人は、さらにお金の神様に好かれるようになりますよ。

おさらい

あなたが気持ちよく支払うことで、幸せになる人がいます。お金を循環させると、幸せが循環します。

クレジットカード決済は1回払いで

わたしは、「クレジットカードを使うなら1回払い」と決めています。分割払いでないと買えないものは、いまは必要がなかったり、分不相応だったりするものだからです。一括で払えるお金を貯めてから買わないと、「無理やり」や「無駄」を引き起こして、結果的にお金の循環をこじらせてしまいます。

お金を貯めてから買おうとすると、貯まったときにはほしいものがなくなっていることがあるかもしれません。しかし、それは「買えなかった」のではなく、あなたにとって「買う必要がなかった」のです。

人と人の出会いと同じで、人とものにも巡り合わせという縁があります。あなたが買わなかった品物は、あなたとは縁がなかったもの。もっと縁の深い人の手に渡って、幸せにしていることでしょう。

だから、ほしいものが買えなかったことに執着してはいけません。お金やものに執着すると、「ない」という負の感情に波動が合って、ないないづくしの悪い状況を引き寄せてしまいます。「なかったら、それまでの縁だった」と考えていると、もっとあなたと縁の深い品物と出会うことができます。

おさらい

一回で支払えないものをほしがると、お金の循環をこじらせます。
本当にあなたにふさわしいものは、無理せずとも手元にやってきます。

迷ったら、買わない

わたしは「迷ったら買わない」と決めています。なぜなら、本当にほしいものと出会えれば「迷い」など生じるはずがないからです。だから、無駄にものを買いません。買ったけれど生かせなかったら、お金もものも捨てたことになって、お金にも、ものにも申し訳ないからです。

でも、「これがほしい」と直感でひと目ぼれした場合は、たとえ持っているアイテムでも迷わずに買います。そういう直感で買ったものは必ず活用できるので、わたしの持ちもので無駄になるものはありません。

買ったことだけで満足し、役立てられないものが家の中にあると、お金の神様も、もの自体も悲しみ、自分自身の運気も停滞してしまいます。

お金には、一生懸命に努力したあなたや、同じようにがんばったほかの誰かの労働力が込められています。だからこそお金はとても尊く、神様が宿っているのです。ありがたい労働と引き換えに手に入れる「お金」との縁に心から感謝して、大切に生かしてください。

おさらい

買いものに迷うときは、いまのあなたには必要がないものということです。お金は労働の賜《たま》もの。買ったものを大切にするとお金の神様も喜びます。

身なりを輝かせる

家を掃除して美しく整えると幸福な波動が高まるように、身なりを整えると、あなたの綴る「あなたの物語」がさらに豊かに輝きます。

とくに、髪には「天」、顔には「世間」、靴には「ご先祖様」のご加護があるので、いつもお手入れをしてツヤツヤに磨きましょう。お空の上から見ている神様にもその輝きが届いて、「あのキラキラしている子の物語はどれかな？　ちょっとお手伝いしてあげよう」と、もっとあなたに注目してくださることでしょう。

さらに豊かに光り輝くために、明るい色の洋服、キラキラしたアクセサリー、ツヤツヤのネイルなども取り入れてみてください。男性の場合は、明るい色のネクタイを選び、靴はいつもピカピカに磨きましょう。高価なものを身につける必要はなく、リーズナブルなもので十分。お金をかけなくても、身なりは美しく輝かせられます。

また、男性に限らず眼鏡をかけている人は、そのお手入れも忘れずに。指紋や脂のついたレンズをそのままにしていては心まで曇ってしまいます。いつも清潔に保ちましょう。

ツヤツヤの見た目で天国言葉を使うあなたを見れば、周りの人も明るい気持ちになります。すると、あなたの周囲によくない気や闇が寄りつかなくなり、そこに幸せな光が降り注ぎます。

おさらい

髪、顔、靴をツヤツヤに磨くと神様のご加護が得られます。輝く見た目で天国言葉を話す人は、周囲を明るく照らします。

四季を丁寧に味わい、心豊かに暮らす

ここまで、お金の神様に愛される方法をいくつかお話ししてきました。しかし、「あなたの物語」を豊かにするのは、もちろん経済的な充実だけではありません。外見、内面、対人関係など、物語のすべてを豊かにするためには、「魂が喜ぶ」生活を送ることです。

鏡、言葉、ハートの3つを「磨く」魔法を行うことも魂を喜ばせる生活習慣のひとつですが、日本に住んでいるからには、ぜひとも実践していただきたいことがあります。

それは、「生活の中で四季を丁寧に味わう」こと。2章で、「季節やお天気の変化に喜びを見出せる人は、天国言葉の名人になれる」と書きました。春夏秋冬に感謝して暮らすと、魂が喜びで輝き、「あなたの物語」がとても豊かな色彩にあふれていきます。

四季を味わう暮らしとは、３６５日を慈しみ、自然に感謝する生活のこと。そうやって物語を紡《つむ》いでいくと、自分も自然と同じように神様に作っていただいた幸せな命だと気づけるようになります。

参考までに、わたしのそれぞれの季節の好きなところと楽しみ方を紹介しましょう。

春の優しい日差しは、お母さんに抱っこしてもらっているみたいで、心がとても癒されます。よく晴れた春の日に、懐かしい場所を散歩してみてください。初心に戻ってがんばろうという、明るく朗らかな気持ちになれます。

夏は、太陽の光で自分のポジティブパワーを引きだす絶好のチャンス。日陰や、ふと吹いてきた風にも感謝ができますね。夏の風に揺れる柳を見るのが大好きです。ユラユラとがんばりすぎない感じに、いつも「わたしも、こんなふうに自然体でありたい」と元気をもらっています。

秋は、「豊かな波動」を取り込めるとき。毎年、豊かな波動が家中に広がるようにとの願いを込めて玄関に稲穂を飾ります。金色に輝く田園を見ると、「豊かだわ。ありがたいです」と感謝の言葉を口にして深呼吸をします。高く澄んだ秋空は神様にすぐ願いごとが届きそうで、うれしくなりますよね。

冬は、凛とした空気が心も体もシャキッとさせてくれます。温かいお風呂やふわふわのお布団にも幸せを感じます。暖色系の防寒アイテムを身に着けて、美しい星空を見上げてみてください。冬空の清らかな気を、体いっぱいに取り込めます。

おさらい

四季に感謝して暮らすと魂が喜び、人生がより豊かに彩られます。その季節ならではのステキなところを、丁寧に味わいましょう。

次の人に親切をつなぐ「幸せのバトンタッチ」

人から親切にしてもらったら、あなたは、きっと「ありがとうございます」とお礼を言うと思います。今日からは、そこからもう一歩進んで、あなたがしてもらってうれしかったことを、ほかの人にもしてあげてください。

目上や年上の人にごちそうをしてもらったら、相手の方にお礼をするだけではなく、今度は、あなたが目下や年下の人にごちそうしてあげましょう。親切を受けたら、いつも次の人に「与える」ことです。

親切にしてもらった相手にお礼をするのは「お返し」で、「与える」ことにはなりません。つまり、いただいた幸せを次の人にバトンタッチするのです。この「幸せのバトンタッチ」がうまくいくと、幸せが順風にめぐり巡って、必ずあなたのもとに帰ってきます。

ステキな笑顔であいさつをされたら、あなたも次の人に輝く笑顔であいさつをしましょう。エレベーターでボタンを押さえていてもらったら、「ありがとうございます」と言って、ほかの人が降りるときは同じように気遣ってあげてください。

日常には、小さなことから大きなことまで、「幸せのバトンタッチ」があふれています。幸せが次の人に渡るたびに、あなただけではなく、みんなの魂が喜びで満たされ、幸福がスムーズに循環します。

おさらい

人から親切にされたら、次の人に親切をつなぎましょう。
「幸せのバトンタッチ」がうまくいくと、みんなの魂が幸福になります。

「徳を積む」ことで運気をあげる

自分の運勢をよくするためには「徳を積む」ことが大切です。自分がよくなったら人にもしてあげる、自分だけよければいいと思っている人は自分勝手な霊がつき、がんばっているのにうまくいかない、周りに認めてもらえない、うまくいっていたのに急に邪魔が入るなど幸せなことが長続きしないのです。

先日、お蕎麦屋さんのご夫婦から、素敵な体験を聞かせていただきました。ご夫婦が商売繁盛を祈願して「神守（かみまもり）の御札」をカウンセリングルームで頼んでくださったときに、わたしが一緒にお渡しした「神守（かみまもり）の御塩（※）」を開店前にまいたら、その日一日中忙しくてすごい売り上げだったそうです。毎日まいていたらいいお客様ばかり来てくださるようになったとおっしゃいます。

そこで、奥様は「運勢をよくするには自分のことばかりではなく、徳を積むことも大切」ということを思い出し、ご主人にお蕎麦の配達のときにいつも通るゴミ捨て場に「神守の御塩」をまいてきてくださいと頼みました。汚いところには霊が留まりやすいからです。

早速、ご主人は配達のときにまき、それから交通事故が多い交差点や嫌な感じがするところなどにまきました。すると、その日配達したお蕎麦の器を回収して帰ってきたら、すべての器が洗ってあったそうです。中には、「ごちそうさま。おいしかったです」というメッセージや、同じ日に2回注文をくださった方もいたと喜んで話してくださいました。

今日までの日をあなたががんばってこられたのは、神様が一番よく知っています。どんなときも神様が見守ってくださることに感謝の気持ちを込めて、徳を積んでいきましょう。

おさらい

自分だけよければいいと思っていると、自分によいことは起こりません。
「徳を積む」ことが一番の運気アップの近道です。

※現在、カウンセリングルームで「神守（かみまもり）の御塩」は販売しておりませんが、「神守の御札」にお付けしてお渡ししたり年末の福袋などにおつけしています。また、カウンセリングルームに来てくださった方に「神守の御塩」をまいて開運祈願をしていますので、近くまでいらしたときはお気軽にお立ち寄りくださいね。

自分の機嫌を取れる人は、魂が喜ぶ

最後に、魂が喜んで豊かになれる、とっておきの方法をお教えします。それは「イヤなことがあったら、すぐに自分の機嫌を取る」ことです。すぐに機嫌よくできる人は、魂が徳を積みます。

　わたしの母は自分の機嫌を取るのがとても上手。父とケンカをしたときにも、すぐに気持ちを切り替えて明るくすごしています。「あれっ。さっきお父さんとケンカしてなかった？」と聞くと、母は、「それは、さっきね。今は編みものが楽しいの」なんて答えることはしょっちゅうです。さっきはさっき、いまはいま。その切り替えの早さには、娘ながらほれぼれしてしまいます。

　そんな母を小さいときから見てきたので、わたしも自分の機嫌を取る習慣が自然と身についたように思います。わたしもひとりの人間ですから、ときには落ち込むこともあります。

先日、「意地悪なことを言われたなあ……」と暗い気持ちになったときがありました。そこで、気分転換に顔を念入りにマッサージして、保湿パックをしたのです。白塗りの顔を鏡で眺めているうちに、「のんきにパックなんかしちゃって」と、おかしさがこみ上げてきました。

「ふふふ」と笑ったらパックには思いきりシワが寄ってしまいましたが、機嫌はもう直っていました。

ちなみに、わたしの母も「それは、さっきね」を学んだひとり。「それは、さっきね」の元祖は、わたしの父方の祖母です。母が父の家にお嫁に来て間もない頃、祖母が祖父とケンカした直後、祖父に機嫌よく接していることに驚いて、遠慮がちに尋ねたそうです。

「さっき、お義父さんとケンカされていませんでしたか？」。すると、祖母はちゃめっ気たっぷりに答えました。「それは、さっきね」。それを聞いた母は、ものすごく感動したそうです。

この祖母こそ、お台所のかまどからお洋服に至るまで神様が宿っていることを、幼いわたしに教えてくれた人でもあります。

「神様は、いろいろなところから見守っていてくださるの。だから理絵も、いつも神様に『ありがとうございます』とお礼を言おうね」

物心ついたときから、わたしは祖母にそう言われて育ちました。

みなさんも、いつでも機嫌をよくしていると「魂がとても喜ぶ」ということ、「魂が徳を積む」ことになると知っておいてください。心がけ次第で誰でも自分の機嫌を取る達人になれることを、わたしの母が証明しています。

おさらい

イヤなことがあっても、すぐに切り替えて機嫌を直しましょう。機嫌よくしていると魂が喜び、「徳」となっていきます。

第5章

ワンランク上の幸せな物語を綴る方法

毎日を丁寧に生きる

人はうまくいっているときほど、楽しんでいろんなことを工夫しながら行動しています。逆に、うまくいかなくなるときほど頭で考えてばかりで行動をしません。

先日、美容室を経営しているSさんから「自分で商売をしているのですが、うまくいきません。最近ではスタッフとの人間関係もよくないので悩んでいます」と相談を受けました。その方にさらに尋ねると　数年前は忙しかったのに今はお客さんも減り、売り上げも落ちてきてしまったそうです。それで、暇をもてあまし、スタッフのイヤなところばかりに目が行き、自分でも自分がイヤになる……とおっしゃいます。

わたしは、この方にまず売り上げがよかったときにしていたことを聞きました。すると、来てくださったお客様が飽きないように、いろんなイベントをしたりお店の模様替えをしたりして、自分たちも楽しんで仕事をしていたと言います。しかし、そのうちイベントや模様替えをしなくてもお客さんが来るようになったので、何もしなくなったら、徐々にお客さんの足が遠のいたそうです。

わたしはSさんに

「では、以前のように、お店をきれいに掃除して飾り付けをして、お客様に感謝を込めて、ハガキを出してみましょうか？」

と提案すると、Sさんは

「掃除は毎日していますし、スタッフの人数を減らしたので忙しくてハガキを出すなんてとてもできません」と言うのです。

「あらら？ たった今、『暇をもてあまして』とおっしゃっていましたよね？」

わたしは思わずSさんにこう聞き返してしまいました。

この方のように、本当は解決策がわかっているのに自分の都合のいいように行動しない理由を述べる方は少なからずいます。

こんなことをしていては、決して現状の悩みは解決しません。「できない理由」は、せっかくの行動しようとする勇気を邪魔してしまいます。わたしはSさんに、「毎日を丁寧に生きましょう」とお話ししました。

毎日を丁寧に生きるとは、

・毎日、丁寧な言葉を使う
・毎日、丁寧に食事をする
・毎日、丁寧に相手に感謝を伝える

ことです。加えて、Sさんは美容師なので「丁寧に洗う」ことや「丁寧に物を扱う」こともお伝えしました。

後日、しばらくして再びカウンセリングルームを訪れたSさんは、「先生の言う通りに、お客さんの座るシャンプー台の椅子に座ったら、お客様には見えないと思っていた汚いバックオフィスが丸見えでした！これではお客さんもがっかりしますよね。お恥ずかしいかぎりです」

と笑って報告してくださいました。

さらに、お店を丁寧に掃除してみたら、自分たちが見えているところしか掃除されていないことにも気がついたそうです。今では、お客様への感謝のハガキを丁寧に書き、殺風景だったバックオフィスのテーブルには花を飾り、きれいなランチョンマットを敷いて、食事の時間を丁寧にすごすように心がけているると言います。

美容室だけじゃなく、商売をしていると急いで食事を済ませる方が多くいますが、丁寧に食事をすると体が疲れにくくなります。そうすると、午後からの仕事も笑顔で取り組めます。Ｓさんの美容院は、この丁寧な取り組みが功を奏したのか、今では少しずつ新規のお客様が増えているそうです。

何かがうまくいかないと感じたときは、まず一日一日を丁寧に生きてみてくださいね。

おさらい

何をしたらいいのかわからないときこそ、普段の生活に目を向けてみましょう。丁寧に生活を送ると今、本当にやるべきことが見えてきますよ。

「自分だけのパワースポット」を見つける

「自分の行くところが光り輝く」

これは、師匠である一人さんの言葉です。一人さんにそう教えてもらってから、わたしは「自分のいる場所がパワースポット」だと考えられるようになりました。

いまでは、自宅近くの神社や公園、店員さんが感じのいいお店も、元気がもらえるとっておきの場所になっています。

家の中をきれいに整えると、よい気が満ちて自宅がパワースポットになるように、「自分の行くところが光り輝く」と信じると、どの土地からも清らかな気をいただくことができ、幸福な波動がいっそう高まります。

とくにわたしがパワーをもらえる大好きな場所を、いくつかご紹介しますね。

＊波立寺《はりゅうじ》波立薬師《はったちやくし》　（福島県いわき市）
＊玉簾《たますだれ》の滝（山形県）
＊鹿島神宮（茨城県）
＊香取神宮（千葉県）
＊賀茂御祖《かもみおや》神社（下鴨《しもがも》神社）　（京都府）
＊高千穂神社・宮崎神宮　（宮崎県）

＊出水《いずみ》神社・水前寺成趣園《じょうじゅえん》（熊本県）
＊波之上宮《なみのうえぐう》・斎場御嶽《せいふぁうたき》（沖縄県）

この中でも、わたしが数か月に一度は訪れたくなるのが、斎場御嶽です。ここに行くと、心も体も、みちがえるほどすっきりし、多幸感に包まれると同時に、「生きている」ことへの感謝の気持ちでいっぱいになります。

右に記載した場所では、きれいなオーブ（球状の発光体）が数多く見られ、さまざまな神様の声が聞こえてきます。こうした清らかな場所には、いくつかの共通点があります。

・水が流れている
・湧き水が湧いている
・大きな木がある
・美しい花が咲いている

・見晴らしがよい

強いパワーを持っている土地の目印として、ぜひ覚えておいてください。こうしたパワースポットとされる場所に行くときにも、「自分の行くところが光り輝く」と信じて出かけましょう。

そこに来られたこと、一緒に行ってくれた人にも感謝することができ、さらに有意義で幸せな体験になります。

おさらい

「自分の行くところが光り輝く」と信じると、場所のパワーが強化されます。

「あなたならではのパワースポット」をたくさん見つけてください。

経験は人の役に立つ形で話す

過去の経験を感謝して語れるようになると、「あなたの物語」がよりいっそう光り輝くというお話をしました。

さらにワンランク上の幸福な物語を綴るために「経験を人に役立つ形で話す」ようにしてみてください。

たとえば、いじめの経験は、加害者、被害者ともに心が痛む、不幸な思い出になることが多いでしょう。

「昔、友だちに意地悪をしてしまったの。大人になってからは二度と同じ過ちを繰り返したくない」と反省し、過去から学んだ経験として人に話せれば、いじめた、あるいは、いじめられた因果は昇華されます。

「つらい思いをするのは、前世で自分が人に同じことをしたからなのでしょうか？」と、よく聞かれますが、そんなふうには考えないでくださいね。

前世でたたいた、だから今世でたたき返された。そんなことを繰り返していては、魂にとってなんの向上にもなりません。痛い思いをしたら、「わたしはたたき返さず、ここで止めよう」と、負のできごとを断ち切ることです。

たたいてしまったときは、自分の手のひらも痛みます。その痛みを忘れず、それよりはるかに深い相手の痛みを思いやってください。

そして、経験をつらい因果としてではなく、「経験したからこそわかる体験談」として感謝しながら人に話すことができると、「あなたの物語」のステージが上がり、ほかの人にも役立つ素晴らしい本になっていきます。

おさらい

過去の経験は、因果ではなく人に役立つ体験として語りましょう。それができると「あなたの物語」がほかの人にも役立つ１冊になります。

仕事の中で工夫をすると、神様に認められる

大人になると、「あなたの物語」の中で多くのページ数を占めるのが仕事の時間です。わたしのもとには、「どんな仕事が自分に向いているのか、わかりません」と、悩まれて相談に来られる方がたくさんいらっしゃいます。

仕事は、工夫をすれば無数の可能性が開けます。だから、「より多くの幸せにつながるように」と、神様が仕事の時間を長くしてくださったのです。まず、仕事の「嫌いな部分」ではなく、「好きな部分」を見つけましょう。それが、可能性を開く最大の工夫です。

仕事の好きな部分が増えると、神様があなたを認めてくださって、さまざまなチャンスを与えていただけるようになります。どんな仕事も、巡り合わせのご縁です。好きになる工夫、円滑にものごとを進める工夫を重ねて、「天職」

にしていくのです。

その上で、より充実するために転職したいということなら、うまくいきます。転職で天職を得るお力添えを神様がしてくださるでしょう。

また、睡眠も仕事と密接な関わりがあります。眠りは、仕事で疲れた体と心をメンテナンスする行為です。１日の仕事を終えてベッドに入るとき、わたしは「これから神様に会いに行くのね」と考えます。体調が優れない日は「神様が癒してくださる」と思い、アイディアがほしいときは「寝ている間に、きっと神様が力を授けてくださる」と安心して眠りにつきます。

すると、翌朝には仕事をがんばる英気がしっかりと養われています。

家事や子育ても、あなたにしかできない立派な天職です。睡眠でメンテナンスしながら、好きになる工夫を続けていってくださいね。

おさらい

仕事の好きなところを探す工夫が、可能性を開く最大のカギです。神様が認めてくだされば、さまざまなチャンスがやってきます。

人に喜ばれる時間の使い方をする

カウンセリングに来られる方で人間関係がうまくいかない、時間の使い方が上手にできない……と嘆く方がいます。そういう方のために、時間の神様についてお話ししましょう。

時間の神様とは、その名の通り、時間を管理している神様のことです。

どんな管理をしているかというと、「いい時間」と「悪い時間」を人間であるわたしたちに振り分けています。「いい時間」と「悪い時間」とはこのようなことです。

あるとき、わたしがスタッフに「先生、出版社に提出する書類どこにありますか？」と聞かれたとします。そして、置いてある場所を知っているのに忙しいからといって、席も立たずに「あっちにあるよ」と言ったとします。スタッフは「あっち」としか教えてもらっていないので、探すのに30分かかってしまいました。そうすると、わたしはスタッフの大切な時間を30分無駄にしてしまったと、時間の神様のノートに、「悪い時間30分」と書かれます。

逆に、スタッフに丁寧に書類のある場所を伝えたり、その場所まで行って書類を渡してあげるとします。その時間が10分であれば、時間の神様は「人に喜ばれるいい時間を使いましたね」とノートに「いい時間10分」と書いてくださいます。

時間の神様は、常にこのノートを広げて、みなさんの時間を調整しています。「悪い時間」ばかりがノートに書かれている人は、その時間分、損をするような時間が自分に返ってきます。一方、「いい時間」がノートに書かれている人はその時間分、いいことがちゃんと返ってきます。

しかし、人の時間は1日24時間と決まっています。いい時間が10分返ってくるということは、人の時間が24時間10分になることではありません。ここでも、わかりやすく例をあげましょう。

例えば、仕事帰りに娘の誕生日用のケーキを買って帰らなければいけないサラリーマンがいます。この人はいつも「いい時間」を周りや自分のために使っています。この日も自分の仕事をやり終えて帰ろうとしましたが、明日の準備をしておけば他のスタッフが明日の朝から、スムーズに仕事に取り掛かれることに気がつきました。

「みんなのために、後回しにせずに準備をして帰ろう」

すべてを終え、急いでケーキ屋さんに向かいます。ケーキ屋さんは20時で閉店です。着いたときは20時5分。しかし、この日は10分遅れての閉店でした……。もうお分かりですね？　時間の神様が、いいことに時間を使ったことをちゃんと見ていて、10分、その人に返してくれたのです。

自分の都合だけを考えて時間を使っていると、乗りたかった電車に目の前で行かれてしまったり、渋滞にぶつかって大切な約束に遅刻したりと、ツイていないことが起きてしまいます。同じ時間のはずなのに、時間の使い方次第で、時間そのものが多くなったり少なくなったりしたように感じてしまうのです。

あなたは、自分にも人にも「いい時間」を使っていますか？

おさらい

わたしのイメージする時間の神様は、眼鏡をかけています。そして、あなたの使った「いい時間」を見て、必ずお返ししてくださいます。

自分の誕生日は、親に感謝をする日

誕生日は、物語の中でも、とくに輝きを放つ特別な日です。周りの人にとっては、あなたが生まれたことをお祝いする日ですね。

でも、あなた自身にとっては、「産んでくれてありがとう」「育ててくれてありがとう」と、親に感謝をする日です。

普段は言えない「ありがとう」をご両親に伝えてください。他界されていらっしゃるなど、直接、伝えることができない方は、心でたくさん感謝をして、手を合わせてください。思いは必ず届きます。

わたしは、22歳の自分の誕生日に、初めてカードにお礼の言葉を書いて、花束と一緒に両親へ贈りました。カードには、これまで当たり前に思っていたけれど実は当たり前ではなかった、と気づいたことを書きました。

「お父さん、一生懸命に働いて、わたしを育ててくれてありがとう。いつもごはんが食べられて、着るものがあったのは、すべてお父さんが働いてくれたおかげです」

「お母さん、産んでくれてありがとう。お母さんの子に生まれてよかった。いま、わたしは幸せです」

最初、両親は驚きましたが、それ以降は欠かすことなく、このやりとりが続いています。両親からは「生まれてきてくれてありがとう」のカードをもらうのが恒例になりました。

22歳当時のわたしは、まだ自分の方向性が漠然としていた時期でした。しかし、両親に感謝の言葉を贈ったことをきっかけに、スーッと道筋が照らされ、自分が進むべき幸せな方向がわかるようになりました。

生まれたこと、産んでくれたことに感謝することができると、「あなたの物語」の登場人物たちが、いっそう大きな幸せで包まれるようになります。

おさらい

自分の誕生日は、自分を祝う日ではなく、親に感謝をする日です。「産んでくれてありがとう」と感謝すると幸福が訪れます。

大切な人の誕生日は「生まれてきてくれてありがとう」

あなたが大切に思う人の誕生日には、ぜひ「生まれてきてくれてありがとう」の言葉を贈ってください。

あなたが書き進めている「あなたの物語」に登場するのは、1人として代わりがいない、かけがえのない人たちです。お空の上で、今世でも出会うことを約束して、巡り会った人たちです。「神様は、必要なときに必要な人と出会わせてくださる」と、わたしは確信しています。

わたしは仕事で全国を飛び回ることが多いため、いつも両親を心配に思っていました。そんなとき、看護師を退職してまでスタッフを志願してくれたのが、いわき出身の千栄ちゃんです。

彼女は、東京といわき両方のカウンセリングルームをまかせられる頼もしい存在として、いわきに行ったときには、必ずわたしの実家に顔をだしてくれるようになりました。両親は、気働きがして朗らかな千栄ちゃんを、いっぺんで気に入ったようです。

あるとき帰省すると、先にわたしの実家に到着していた千栄ちゃんが、自分専用の可愛いお茶碗を手に、両親と食卓を囲んでいました。

母に、「お母さん、わたしのお箸どこかしら？」と聞くと、千栄ちゃんが「先生、その引きだしです」と即座に教えてくれました。

思わず、「どちらが娘かわからないね」と大笑いしたのですが、本当は温かな安心感で胸がいっぱいになっていました。実家にあまり戻れないことを気にしていたわたしに、神様が千栄ちゃんという人を出会わせてくださったのです。ほかのスタッフも、わたしの両親をとても大切にしてくれます。

その千栄ちゃんをはじめ、スタッフたちは、皆、わたしの宝物です。彼女たちの誕生日には、本人に「生まれてきてくれてありがとう」、親御さんに「娘さんを産んでくださってありがとうございます」とメールを送っています。

わたしがそうであったように、自分と大切な人の誕生日に素直に感謝を伝えられるようになると、きっとあなたの進むべき幸せの道も明るく照らされ、迷子になる心配がなくなりますよ。

おさらい

大切な人の誕生日は、生まれてきてくれたことに感謝する日です。
大切な人には、「出会えてうれしい。ありがとう」と伝えてくださいね。

「命のリレー」に感謝する

自分の誕生日に心から両親に感謝することで、わたしは自分が進むべき幸せな道が開けました。「わたしの物語は、脈々と受け継がれてきた幸福な『命のリレー』の一部なんだ」ということに、気づけたからだと思います。

数百万年の間には、みんななんども生まれ変わりを繰り返していますが、どの世もつながっています。1人でも欠けたら、いまの自分はいません。そう考えると、とてもありがたくて、胸がじんわりと温かくなります。

あなたが生まれた日、あなたに命のバトンが受け渡されて、命のリレーが始まりました。「では、子どものいない自分は、次にバトンを渡せないの？」と言う方がいらっしゃいますが、いいえ、そういうことではありません。

お空の上で、「今世では子どもを持たない」と決めてきた人も、もちろんいらっしゃいますし、子どもを持つことだけがバトンを渡すことではないからです。

あなた自身が、なによりも楽しく「あなたの物語」に向き合い、幸せに1冊を綴りきることが、命のリレーをまっとうすることなのです。

もしも、孤独を感じそうになったときには、「生まれた時点、バトンが渡された時点で、あなたは祝福されている」ということを思いだしてください。そして、いつも「神様とご先祖様に見守られている」ことに感謝してください。

数年前に、戦時下に亡くなった方たちの慰霊碑を訪れたときのことです。行く直前まで、わたしにはためらいがありました。「亡くなられた方の悲しみの声が聞こえてきたら、つらい」と思ったからです。

しかし現地で、そう考えた自分をすぐに恥ずかしく思いました。

「命を懸けて守ったこの国の平和な風景が見られてうれしい。守った命が受け継がれていって、みんなが幸せに生きていてうれしい」

英霊たちが口々におっしゃったのは、誇りと安堵にあふれた喜びの言葉でした。「ありがとうございます。あなた方にいただいた今世の幸せをしっかりかみしめて生きていきます」と、新たに心に誓えた貴重な経験でした。

あなたのご両親をはじめとするご先祖様も、あなたが幸せになることをなによりも喜ばれています。命のリレーである「あなたの物語」をしっかりと抱きしめて、たくさんの幸福な体験で埋めていきましょう。

おさらい

「あなたの物語」は、数百万年にわたる命のリレーです。幸せな物語を綴ることが、なによりの親孝行であり、先祖供養です。

苦手なことは、神様が用意した「宝探し」

理不尽な意地悪をされた。人づてに自分の悪口を聞いた。苦手な人、イヤなことに出会うと、つい心が折れそうになることがあるかもしれません。そんなときは深呼吸をして、こう考えてみてください。

「なにか、成長するための宝物が隠されているのかな?」

イヤなことが起きたときには、「自分が同じ波動だから、呼び寄せてしまったのではないか」と自分の行動を省みてみましょう。神様や守護霊が、「気をつけて」とメッセージをくれていることが大半だからです。

わたしはこれを「宝探し」と呼んでいて、「魂が成長するチャンス。ひとつでも多くのメッセージを探したい！」と張りきってしまいます。

カウンセリングで、「夫は、なにをしても『ありがとう』と言ってくれないんです。ガッカリします」と打ち明けた年配の奥様がいらっしゃいました。わたしには、その方からの怒りが強く伝わってきました。

「あなたはご主人に腹を立てていて、自分から『ありがとう』を言ったら負けだとさえ考えていらっしゃるようですね。でもね、それは違います。『ありがとう』を言わないご主人を通して、神様が『感謝することを忘れているよ』と、あなたに教えてくださっているんですよ」

その方は、「あっ……。言われてみれば、怒るばかりで久しく主人に感謝をしていません。帰ったら、『理絵先生のところへ行く自由をくれてありがとう。気持ちよくお金をくれてありがとう』と言ってみます」と、弾んだ声でおっしゃいました。

神様が教えてくださるのは、「自分を省みなさい」という注意だけではありません。わたしたちがなにかに迷っているとき、誰かの言葉を借りて、そのとき必要なことを伝えてくださることもたくさんあります。

ふと、目に留まった雑誌の一文、耳にした歌詞、いつもの友だちとの会話、映画のセリフなど、日常の中に、たくさん隠されています。

わたしは、迷っているときや、いま知るべき情報を探しているときに、書店にでかけることがあるのですが、そこで必要な本が輝いて見えるときがあります。それをまとめてレジに行くのが常ですが、あるとき、そのうちの1冊を棚に戻したことがありました。なんとなく「次に来たときに買えばいいか」と思ったのです。そのまま雑誌コーナーに行くと、平積みにされた雑誌の上に、1冊だけ棚に戻したのと同じ本がポン、とのっていました。

あっ！　これは神様が「いま読みなさい」とおっしゃっているんだと思い、買って帰りました。その本を読み始めて、自分の名前が登場したので驚きました。著者の方とは面識がありませんでしたが、わたしのことを文中で紹介してくださっていたのです。神様は、二度にも渡ってこのことを教えてくださったのだなと思いました。

イヤなことや不思議なできごとに出会ったときは、深呼吸して、「宝物はどこかな？」と考えると、輝くメッセージに気づけるはずです。

おさらい

苦手な人との出会いやイヤなできごとは、自分を高める「宝探し」です。

神様は必要な回答をわたしたちの身の周りに用意してくださっています。

「うつ」ではなく「憂うつ」

長い「あなたの物語」の中で、「これは神様からのメッセージかな?」と考える余裕すらなくしてしまうときがあるかもしれません。

失恋、病気、仕事の失敗、夫婦・嫁姑間のいさかい、職場やご近所の人間関係、親子の問題。わたしのカウンセリングルームにも、さまざまなできごとに直面して、目の前の幸せを見失ってしまった人がたくさんお見えになります。

心が沈んでいる方たちに、声を大にして教えてさしあげたいことがあります。「あなたは、今、『うつ』ではなく、『憂うつ』な状態なんですね」と。自分はうつだと思ってしまうと、気持ちがより暗く沈んでしまうからです。

お天気に快晴があれば曇天もあるように、「いまは心がちょっと曇っているんだな。じゃあ、灯《あか》りをつけよう」と考えることです。

明るい色の洋服を着る、美しい文章を読む、楽しい場所に出かける、前向きな言葉を使う。心に灯りをともす方法を試しているうちに、憂うつから抜けられる場合がたくさんあります。

また、憂うつな気分のときに取り入れてほしい「最強のパワーフード」をご紹介しましょう。ある奥様から、こんな相談がありました。

「去年、郊外に家を買いました。毎日、夫は往復４時間かけて通勤してくれていますが、日ごとに気力も体力も弱ってしまっています」と、沈痛な面持ちでおっしゃいます。都心の通勤ラッシュがいかにすごいものか、わたしも実感しています。毎日、仕事をこなしながら朝晩のラッシュに揺られている方たちには、本当に頭が下がる思いです。

電車内には、攻撃的な地獄言葉を吐く人、憂うつな波動を周囲にまき散らす人もいます。優しい人ほど、そうした悪い気を受けて、弱ってしまうことがあるのです。

「心配なお気持ちはよくわかります。でも、あなたまで憂うつな顔をしていると、ご主人が家でも悪い波動をためてしまいますよ。それよりも、明日から毎日、中身に梅干しを入れて、お塩で握った三角形の塩むすびを持たせてあげるといいと思いますよ」

わたしがそう言うと、彼女は不思議そうな顔をしました。

おむすびは、お米と塩のパワーが込められた食べものです。第2・3章で、塩のお清めの作用、三角形のパワーとお米のパワーについてお話ししましたね。三角形の塩むすびには、それらが合わさって体の内側から憂うつな気を祓ってくれる強力な力があるのです。

3か月後、再びカウンセリングルームに現れた彼女は、「おかげさまで、夫が元気になりました。わたしも努めて明るく送り迎えをするようにしています。なにより、夫が『ただの塩のおむすびがこんなにおいしいなんて』と、すごく喜んでくれるんです」と、穏やかな顔で報告してくれました。

家族以外のケースで、もし、あなたの周りに病気の人がいたら、「遠方だからお見舞いに行けない」と悩んだり、オロオロした暗い顔を見せたりせず、その人が元気になった姿を心の中で思い描いてあげましょう。無理してお見舞いに行くより、「元気になってほしい」というよい波動を送ることが、いちばんの励ましになります。

おさらい

気持ちが暗く沈んだときは、「うつ」ではなく「憂うつ」です。明るい思考で心に灯りをともし、塩むすびで憂うつを祓《はら》いましょう。

過度の謙遜より、素直な「ありがとう」

日本には「謙虚が美徳」の文化があります。確かに控えめな物腰は美しいものですが、「行きすぎた謙遜」は波動を高めてはくれません。

先日、カウンセリングにいらした男性が、「つまらないものですが」と手土産を差し出してくれました。直後に、彼は「あっ」という顔をして、「お口に合うとよいのですが」と言い直しました。

「普段から気にしているんですか？」と聞くと、「そうなんです。営業の仕事柄、つい口グセになってしまって」と言います。「では、どうしていけないと思ったの？」と尋ねると、「つまらないものを持ってきたって意味で、相手に失礼でしょ？」とバツが悪そうに言います。

「そのお菓子を作った会社にも失礼ですよね」とわたしが言うと、彼は「それは思いつきませんでした」と目を丸くしていました。後日、「あの日を境に、『つまらないもの』という言い方をやめられました」と手紙をもらい、うれしくなりました。

この話と同じで、自分を「つまらない人間です」と言うのは、神様に対して失礼に当たります。「あなたが作ったものは最低です」と、神様に言うことになるからです。

また、「ステキな洋服ですね」と服装を褒められて、「いいえ、わたしはセンスがなくって」と返したら、褒めた人に対してもセンスがないと、暗に言っていることになりますね。アパレルメーカーにも失礼です。

わたしもいつも気をつけようと思っていますが、褒められたら素直に「ありがとう」と言う。これがいちばんです。褒めてくれた人も、褒められたあなたも、みんながうれしい気持ちになれて、明るい波動に包まれますよ。

おさらい

過剰な謙遜をすると、褒めてくれた人や作り手に失礼です。
素直に「ありがとう」と言うと、みんなが明るく幸せになります。

物語を幸福に導く「28《にはち》の法則」

師匠の一人さんから伺った大切な教えのひとつに、「28の法則」というものがあります。

スピリチュアルなこと（あの世）には2割の心を砕き、あとの8割は今世（この世）をしっかり生きなさいという教えです。「あなたの物語」を全編にわたって幸福に導くために、ぜひ心に留めてください。

わたしはスピリチュアルカウンセラーとして、神様や霊的な存在について、この本の中でもいろいろとお話ししてきました。わたしの話は、あなたがより幸せな物語を綴るための教科書にはなれますが、どうぞ「教科書」にとどめていただきたいのです。

わたしは、カウンセリングで見えた守護霊や前世について、「教えてあげなさい」と神様に言われない限り、お知らせしないことにしています。なぜかというと、人は、自分以外のなにかに、ものごとの原因を見出したがる心が強いからです。

熱心に前世と今世の因縁を見つけたがったり、人生のつまずきを守護霊のせいにしたがったりするのは本末転倒な話です。あの世のことに心を砕きすぎると、「あなたの物語」と誠実に向き合うことからほど遠くなってしまいます。

わたしに言わせていただければ、人類が誕生して以来、わたしたちは何万回も生まれ変わっているのですから、ひとつ前の世にだけ執着するのもおかしなことです。

もっと言えば、今世を生きるのに、前世の自分や守護霊が誰かを知らなければならないこともありません。必要な人には、必要な時期に、前世や守護霊がわかるようにできています。

日常をしっかりと楽しみながら、余裕の2割の心でスピリチュアルを受け入れることのできる人は、とても幸福で穏やかな物語を綴ることができます。

おさらい

あの世への関心は2割にとどめ、日常を一生懸命こなしましょう。今世の物語を幸福に導くのは、しっかりとこの世に根づく心です。

第6章

幸せに気づいた人の物語

最後の章は、あなたが道に迷ったときのヒントになれば……という願いを込めて、いくつか幸せな物語をご紹介したいと思います。

カウンセリングにいらしていただいた方のエピソードが中心ですが、なかには少し不思議なお話もあります。信じられない場合は、どうぞただの「物語」として楽しく読んでくださいね。

これらの物語からなにをどう感じ、学ぶかは、すべてあなた次第です。そんな思いから、この章には「おさらい」をつけていません。あなたなりの回答を見つけていただければと思います。

これからお話しする物語が、あなたの足元を、どうか優しい光で照らしてくれますように。

その１　恋愛と結婚の物語

「ステキな男性との出会いが、まったくないんです」

初めてカウンセリングにいらした実加子さんが、開口一番、ため息をつきました。とてもおしゃれでかわいい人です。彼氏がいないなんて、もったいないなと思いながら、わたしは彼女の手を取りました。

手を握ると、相手の方に関係したさまざまな事柄や波動が流れてくるので、カウンセリングでは軽く手を取らせていただいています。まず寝室が見えてきて、実加子さんの部屋だとすぐにわかりました。

目の前の彼女からは想像がつきませんが、薄暗い床に洋服や化粧品が散らかり、バッグが乱雑に積まれたベッドは起き抜けのままです。

「実加子さん。一度も着ていない洋服があるのに、またすぐに新しい服を買ってしまうのはなぜでしょうか？」

「えっ？　わかっちゃいますか！　だって、いざとなると着る服がないんです。月末には合コンがあるので、また新しく買わなくちゃ」

屈託なく言うので、「このワードローブなら、今晩、急な合コンがセッティングされても十分に対応できますよ」とわたしは言いました。

「まず、お部屋を片づけましょう。『こんなステキな服があったわ！』という発見がありますよ。それにね、役立てることのできないものが家の中にあると、恋愛だけではなくすべてがうまく回りません」

実加子さんは洋服と同じで、ステキな男性のことも、「ここにはいない」と決めつけてしまっているようです。「ない」と考えていると、ない状況を強く呼び寄せてしまうことや、「恋愛対象になる独身男性がいる場所にしか興味を示さない」ことも問題だと、お話ししました。

彼女は、同性からのお誘いや仕事での出会いを「恋愛につながらないから」

と必要最低限で切り捨てていました。でも、結果的に、それは遠回りなのです。

「誰のことも明るく受け入れる気持ちでいると、その波動をキャッチした人が好感を抱いて、幸せな出会いを中継してくれるようになります。いろんなお誘いに、オープンな気持ちで参加してみてくださいね」

そう話すと、彼女は大きな目を瞬き、「わかりました。まずは、がんばって部屋を片づけます！」と素直にうなずきました。安心してお見送りした2か月後のことです。実加子さんが再訪してくれました。

「先月、友だちのつき合いで不動産屋さんに行ったんです。担当の女性がとてもいい方で、すぐに意気投合しちゃって」

その女性に招かれたホームパーティで部下の男性を紹介され、たちまち好きになってしまったと言います。数日前に、相手の方から正式なおつき合いを申し込まれたと、うれしそうに報告してくれました。

「以前なら、お友だちの行っている不動産屋さん、それも年上の女性とプライベートでおつき合いしたいとは、考えもしなかったと思います」はにかんで笑った実加子さんは、以前にもまして輝いていました。

幸せな巡り会いは、いつもあなたのそばにあります。「いい人は必ずいる」と考えて、明るい状況を引き寄せる人でいてください。

「○○だから、結婚したい」の落とし穴

「結婚できるのか心配」というご相談を、男性・女性ともによく受けます。そのたびに、「なぜ、結婚したいのですか?」とお尋ねしてみます。

「親がうるさいから」「適齢期だから」「友だちが結婚していくから」「経済的に不安だから」「さみしいから」。実にたくさんの理由が挙がってきますが、これら

の「○○だから」は、ほとんど他人の幸せと比較したもの。あなたが書く「あなたの物語」なのに、それではいけません。

「結婚すれば幸せになれる」と考えるのは、そろそろ卒業しませんか。

結婚したいのなら、まず、自分自身が結婚したいと思われるような魅力的な人になることです。経済的、精神的に自立していない人には、同じ境遇の相手しか現れません。1人の人生は不幸せだと思っている2人が寄り添っても、より不幸せになるだけで、決してプラスには転じないのです。近年の離婚率の上昇は、安易に「結婚さえすれば幸せになれる」と、多くの人が考えた結果だと思います。

恵さんも、他人と自分を比べて悩んでいる1人でした。

「30歳をすぎてから親のプレッシャーがきつくて……。職場でも、同僚は次々に寿退社していきました。独身はわたしを含めて3人だけ。家でも職場でも肩身が狭いんです」。眉根を寄せて、そう言います。

「結婚すれば、ラクになれる」という強い思いが伝わってきました。

「結婚を逃げ場にして、いまを幸せに生きる努力をなおざりにしてしまうと、結婚後に多くの課題を持ちこしてしまうことになりますよ」

そう恵さんに話しながら、「あれ？　でも、彼女の悩みの深層はそこではないみたい。恋人の影が見えるわ」と、わたしは感じていました。

「恵さんは、好きな人がいるのに結婚をためらっているんですね」

そう言うと、彼女は驚いて口を開きました。つき合って2年になる彼がいること。しかし、いずれは地方の実家に戻って家業を継ぐ予定の彼と結婚して、新たな土地や家族、仕事になじめる自信がない。だ

から、彼以外の人と結婚の可能性はあるのかを聞きに来た、と言います。

「彼は、あなたのことがとても好きみたいですね。そして、あなたも。愛し合う2人がともに向上していくためにする『結婚』が、もっとも素晴らしい形です。恵さんが不安に思っていることは、すべて『取りこし苦労』ですよ。わたしには、とっても上手に彼のサポートをしていくあなたが見えます。彼のご家族にも大切にされて幸せそうよ」

じっと聞いていた恵さんは涙ぐみながら、「おかげさまで、決心がつきました。大好きな彼からのプロポーズを受けようと思います」と言いました。その後、恵さんから、結婚式の準備に忙しくしているというステキなおハガキが届きました。

幸せな結婚をしたいのなら、世間と比べた「○○だから」に流されないこと。そして取りこし苦労をやめること。素直な気持ちと、自分の物差しに従って結婚を決めるなら、万事がうまくいきます。

その2　人と人との関係の物語

人は、心が荒《すさ》みきって、ものごとの苦しみしか見えないようになってしまうときがあります。

村瀬さんは働き盛りの40代。温厚で誠実そうなたたずまいが印象的な男性です。

ある日、いつものようにカウンセリングルームにいらした村瀬さんは、見るからに疲れ果て、やつれた顔でこう言いました。

「連日、姉が仕事と家族の不満を言いに電話をかけてくるんです。2時間以上も話すので、『そんな話なら、もう聞きたくない』と思いきって言ったんですが、ほとほと疲れてしまって」

お姉さんは、まさに心が荒んでしまったのでしょう。その苦しみを人に地獄言葉で打ち明けるのは、相手を同じ次元に引きずり込むのと一緒です。話すことで、お姉さんが向上し、問題が解決するなら話は別です。お姉さん、村瀬さんの2人にとって幸せな体験になるからです。

しかし、お姉さんは彼のアドバイスを頑なに聞かず、一方的に愚痴をまくし立てるのだそうです。電話ごしに低い波動を受けすぎた村瀬さんには、悪い霊がまとわりついていました。これは心身ともに苦しいだろうなと、わたしはその霊を彼から祓いました。

そのときです。村瀬さんが、「ある人から、先生のうわさ話を聞いた」と言うのです。言わなくてもいいようなそんなことを彼が言ったのは、その霊の仕業なのはわかっています。そのうわさ話も、わたしはすでに知っていました。それは、あまりに事実無根で、心底、あきれてしまった話でした。

しかし、もしもわたしが、一瞬でも村瀬さんや、それを言った相手に「憎い」という感情を持ったら、今度はその霊がわたしにもつけ込んでくるでしょう。「動揺してはダメよ」と、わたしは自分の心をなだめました。

「そうですか。それを聞いて、村瀬さんもイヤな思いをしちゃいましたね。ごめんなさいね」と言うと、「ええ、先生のうわさ話を言われて、すごくイヤでした」と言いました。「ありがとうね。わたしは、村瀬さんのような方がいてくださるから幸せよ」と話し、彼の後ろで不浄な気を吐いている霊の浄霊をし、引き離しました。そして、村瀬さんには、「生きながら天国が現れる方法」をアドバイスしました。

地獄言葉を話す人は、あなたを成長させるためにその役割を担ってくれているのだと前にお話ししましたが、実はそうではないケースがあります。それは、「相手が修行中」の場合です。

「負の思いに、いつまでもつき合ってはいけません。『お姉さんがイヤ』『また文句を言うんじゃないだろうか』とネガティブな思いを抱くと、あなたまで負の思いにとらわれてしまう。『姉の修行がうまくいきますように。幸せになりますように』と願って、笑顔でそっと負の思いから離れましょう」

相手の向上を祈った後は、相手におまかせします。自ら進んで負の思いにとらわれてしまっている人は、明るい思いで引っ張りあげてあげるのがいちばんですが、あなたの声が届かないこともありますし、本人の心の持ち方に問題がある場合もあります。そのときは、「相手の波動も、いつかは明るいほうに戻る。時がきて、相手の心の持ち方が明るく幸せになれば、また仲よくできる」と考えて笑顔で離れ、自分は天国言葉を使い続けることです。

さて、村瀬さんは、だいぶ元気を取り戻して帰られました。見送って戻ると、祓った霊が恨めしそうにまだそこにいました。

「お客様との絆を強くしてくれてありがとう。あなたも本当はいい人なのだから、悪いことをしていないで神様のもとに帰り、今度は神様のお役に立ってね」と声をかけると、霊はシュンとおとなしくなりました。

「さあ、もう上にお帰りなさい」。そこだけ語気を強めて言うと、すーっと消えていなくなりました。わたしも、昔なら浄霊をするだけで霊を褒めてあげることはできなかったかもしれません。思わず「大人になったものね」と、自分を褒めました（笑）。

「許せない」思いを手放す

わたしの友人の美雪さんの話です。久しぶりに会うと、いつも明るい彼女が、見たことがないくらい落ち込んでいました。職場のH先輩が、どうしても好きになれないと言います。H先輩は、美雪さんの悪口や勝手なうわさを周囲に吹聴するのです。たまりかねて、「どうして、そんな根も葉もないことを言うのですか？」と尋ねると、「そんなこと言ってないわ。わたしは、あなたが大好きよ」と答えたそうです。

でも、数日後にＨ先輩は、「美雪さんがＨ先輩を呼び出して、ものすごい剣幕で怒った」といううわさを社内に広めたそうです。本当は、うわさ話を流したＨ先輩の困った人柄はみんなが知っていて、その話を額面通りに聞く人はいませんが、美雪さんは疲れ果ててしまい、部署を異動させてもらいました。

ところが、今度は新しい部署の人に感情を乱され始めたと言います。というのも、その人は、美雪さんの部署異動の原因がＨ先輩にあることを知りながら、「聞きたくないかもしれないけど、さっきＨさんを見かけたのよ。驚いちゃった」などと、ことあるごとにＨ先輩のうわさを笑顔で耳に入れてくるのだそうです。

「悪気があって言ってるわけじゃないと思うんだけど……」

そう美雪さんは言いますが、結果的に彼女を苦しめているのですから、イヤなことをする人には変わりありません。

「ねえ、Ｈ先輩のときは異動願いを出して離れちゃったでしょう？　異動先に同じような人が現れたってことは、あなたの離れ方にも問題があったんだと思うの。今度は、笑顔で相手の幸せを願いながら、物理的にではなく、その思いからしっかり離れてみて。そうするうちに、心に押し込めた『許せない』って思いも消えてラクになるよ」

わたしがそう話した翌日から、美雪さんは相手の幸せを願いながら少しずつ距離を置き始めました。すると、感情の波がなくなって、落ち着いて仕事に打ち込めるようになったと言います。

「許せない」思いは、押し殺さずに手放しましょう。無理に押し殺してしまうと、いつかどこかで心のふたが開き、抑えた分だけ反動の強い苦しみがあふれでてきてしまいます。いつも明るいほうを見て、感謝できる面を探すようにすると、「許せない」思いを手放すことができます。

「人の失敗」＝「自分の成功」にはならない

あるとき、デザイン事務所に勤務する三上さんという男性が、相談に来られました。

「クライアントから次々と理不尽なクレームを受けるんです……」。悔やしそうに唇を一文字にした彼を見て、わたしはすぐに感じました。

「あなたがとても信頼していた同志ともいえる人が、身近にいらっしゃらなくなったようですね」。そう訊ねると、「はい。昨年末、いちばん仲のよかった同期が30歳を機に独立しました」と言います。

「クライアントの理不尽な仕打ちは、あなたのその方への複雑な思いが引き寄せてしまっているようですよ」と、感じたことをお話ししました。独立した元同僚の方は、順風満帆でとても充実しているといいます。三上さんの彼に対する憧れは、徐々にねたみに変化していました。

「その方の失敗は、三上さんの成功や充実とは無関係ですよ」と言うと、彼は顔を真っ赤にして、「お恥ずかしいです。心の中で彼の足を引っ張るのではなく、彼を目標に努力します」と言いました。

その後、難物と言われる大手のクライアントからレギュラーの仕事をもらい、社内でも高く評価されていると笑顔で報告してくれました。

人の失敗を願うと、理不尽な形で必ず自分にはね返ってきます。納得がいかない事態が起こったときは、誰かの失敗を願う心に支配されていないか？ちょっと立ち止まって、考えてみてください。

自分がしてほしいことを相手にしてあげる

カウンセリングにいらした方からの人間関係にまつわる相談の大半が、「相手やものごとが自分の思い通りにならない」と訴えるケースです。たとえ親子であっても別の人間です。思い通りにならなくて当然なのですが、つい相手に「期待」してしまいます。この「期待」してしまうことが厄介なのです。

カウンセリングにいらした麻由美さんが、「毎日、夫が疲れた暗い顔で帰って来て、『ただいま』も言わないんです。それを指摘するとケンカになるし、こっちまで憂うつです」と言います。

しかし、わたしには、「毎日、妻が暗い顔で『おかえり』も言わない。ああ、いやだ」というご主人の声が聞こえてきました。

「『ただいま』を言いなさい」というのは強要です。人に「我」を押しつけると、あなたの中の神様とはいちばん遠いガミガミした顔になります。これでは絶対に相手を変えることはできません。相手を変えるただひとつの方法は、「自分が変わること」です。そこで、麻由美さんには、「ご主人にしてほしいことを、先にしてあげましょう。毎日、『おかえりなさい！』と、笑顔で迎えてあげてください」と話しました。

すると数か月後、「先生に言われた通り、私が夫にしてほしいことを夫にしてあげて、いつも機嫌よくしていました。夫の好きな献立を作り、楽しい話をするように心がけたんです。そうしたら、『ただいま！』って、元気な声で帰ってきてくれるようになりましたし、黙っていてもゴミを捨ててくれるようになりました」と、満面の笑みで報告してくれました。

親子関係も同じです。子どもに「本を読みなさい」「勉強しなさい」と言うのは、「しつけ」ではなく「押しつけ」です。親が読書する姿、自分の仕事に一生懸命取り組む姿を見せるのが、本当のしつけであり、幸せの導きです。

自分が変われば世界も変わる

ご主人のご両親と同居していた小川さんは、お姑さんと折り合いが悪くて、ご主人に別居を願いでました。優しいご主人は奥様の願いを聞き入れ、家族４人で別の家に暮らすことになりました。しかし、「別居したいまでも姑が憎くて仕方がない」と打ち明けに見えました。

子どもたちがお姑さんの家に遊びに行くと、お姑さんが小川さんの悪口を言うらしいのです。「おまえたちのお母さんは、学歴もないし、気立ても悪い」。言われた子どもたちは、当然、心が痛みます。帰宅後、母親に悔しさを訴え、小川さんはお姑さんに対して、より頑なになっていきました。

「あなたのご主人は、子煩悩でとても優しい人ですね。お姑さんは、その大好きなご主人を産んで育ててくれた人です。そのことだけでも感謝できませんか？　お母さんの悪口を言われて、お子さんたちは傷つきました。でも、あなたがお姑さんを悪く言ったら、ご主人も同じ気持ちを味わいますね。憎い面ではなく、感謝する面を見ましょう」

毎日をよりよく生きたくて、カウンセリングにいらっしゃるくらいですから、小川さんも、本当はとても心が優しい人なのです。

ご自宅に戻られた小川さんが、お姑さんに「優しい息子さんを産んでくださって感謝しています。お義母さんみたいな子育てをしたいと思います」と伝えると、お姑さんが目に見えて変わりました。子どもたちが習いごとに行くときには車で送迎したり、食事まで作ってくれたりするようになったそうです。そうなると、小川さんもどんどん優しさをお返ししたくなると、喜びにあふれた顔で話してくれました。

あなたも相手も、今世でまだまだ修行中の未熟な身です。お互い至らないこともたくさんあるでしょう。その事実を忘れてはいけません。

また、「優しくしてもらったことがないので、どうやったらいいのかわからない」と戸惑う方がいますが、「してもらえなかった」と悲しく感じることは、自分が「してほしかったこと」です。自分がしてほしいことを相手にしてあげよう、と考えてみてください。

わたしの母は、小さい時に母を亡くしました。

母の実母(わたしにとって祖母に当たる人です)は、すぐ下の妹を産んだ直後に亡くなり、母の叔母に当たる人が結婚せずに母たちを育ててくれました。でも、わたしの母は、「実の母親を知らない自分は、母親として頼りない」とは考えませんでした。生まれたばかりのわたしを抱きしめ、小さな手のひらを見つめて、「楽しいこと、幸せな思いをたくさん味わわせてあげたい」と、思いを巡らせたそうです。

その話を聞いて、わたしは母に「親になってよかった」という思いをいっぱいさせてあげよう、と思いました。

自分勝手な期待や強制は、不健康な世界を生み出してしまいます。率先して、自分から相手にしてほしいことをしてあげれば、世界は明るく変わります。

その3　生まれ変わりで魂を磨く物語

わたしたちは、生まれ変わりを繰り返しています。容姿は変わっても魂は不変で、いくつもの世で修行しながら、魂は磨かれていきます。幼いある日、わたしは湯船で自分の手を眺めながら考えました。

「本当のわたしは体の中にいるのなら、体は着ぐるみみたいなもの？」

お風呂から上がると、台所の母のもとへ飛んで行って聞きました。「お母さん、この体は神様にお借りしたもので、魂だけ、また生まれ変わるのよね」。母は、こともなげに、「そうよ。だから、大切にして、きれいにお返ししなくてはね」と答えました。

わたしは、そんな環境で育ちましたし、いくつか過去世の記憶も残っています。

「袖振り合うも多生《たしょう》の縁」という言葉があります。これは、今世、道でほんのちょっと袖が触れ合っただけの人も、ほかのどこかの世で関わりがあった人であるという意味です。

つまり、今世の「あなたの物語」に登場する人たちとは、みんなどこか別の過去世で出会って、お互いの魂を磨いているのです。

大切な人が、今世で敵役になることもある

関西地方から東京のカウンセリングルームに通ってくれている方に、桜井さんという女性がいます。お姑さんと同居しているのですが、反りが合わないとこぼされます。桜井さんは上京してがんばっている3人の息子たちの活躍を喜びながらも、夫と姑との3人での田舎暮らしの寂しさや、姑とのいさかいに苦しんでいました。

前の章でも書きましたが、わたしは、普段、カウンセリングにいらした方の過去世や守護霊についてお話しすることはありません。

しかし、桜井さんが2回目にいらしたときに、「教えてあげなさい」と神様がおっしゃいました。

「おばあちゃんのことをイヤだと言いながら、結局は面倒を見てしまうあなた

は優しい人ね。数年前、おばあちゃんが腹痛に苦しんだときも、家族みんなが『寝てればよくなるんじゃない？』と言ったけど、あなただけが異変に気づいたのよね。あなたが急いで総合病院に連れて行ったから、おばあちゃんは大事に至らなかった」

桜井さんは驚いてうなずきながら、「同じようなことが、ほかにもありました」と言います。

「そうね、あなたとおばあちゃんには、特別な結びつきがあるからね。信じられなかったら、これは単なる『お話』として聞いてね。いくつか前の世で、孤児になったあなたを、引き取って食べさせてくれたのがいまのお姑さんなの。自分は食べるものも食べず、それは一生懸命、育ててくれたのよ」

桜井さんは、目を見開いて驚いていました。

「あなたのいとこの方、おばあちゃんにって、いろんなお土産を持ってくるでしょ？」と聞くと、「ええ、よく顔を出して、そのたびに、おばあちゃんにおいしいものをくれます」と言います。

「いとこのお姑さんに、そこまでマメにしてくれる人は珍しいよね。そのいとこの方は、そのときの人生ではあなたのお姉さんで、一緒におばあちゃんに育ててもらったの。その恩返しを、いましているのね」

理解できるかしら、と思って桜井さんの顔を見ると、その目にみるみる涙があふれてきました。「先生、わかりました。いま、すべてがつながりました」。かすれた声で、途切れ途切れに彼女は言いました。

カウンセリング後は東京にいる息子さんに会う予定だとうれしそうにしていた桜井さんですが、その息子に「結婚したい人ができたので紹介したい」と言われたらしいのです。息子さんはこう続けたそうです。

「相手の女性は孤児院で育った人です」と。

「息子から電話で聞いたとき、その女性を受け入れられるかしら、とすごく不安になりました。でも、わたし自身が前の世で親の情を知らず、おばあちゃんに助けられた命だったんですね。息子のところへ行く直前に先生に会えてよかったです。帰ったら、おばあちゃんにおいしいものをたくさんこしらえてあげます」

「偉いですね、桜井さん。息子さんには、あなたが選んだ人だから、いいお嬢さんに違いないって言ってあげてね」

ひとしきり泣いた後、桜井さんは胸を張って「はい」と言いました。

「袖振り合うも多生の縁」。いつかの世で、あなたの身内だった人が、今世では、あなたの魂を磨くために、わざわざ敵役を買って出てくれることもあります。そのことに気づけたら、今世の「あなたの物語」は、さらに充実して輝くに違いありません。

おわりに

魂が豊かになる「あなたの物語」を綴《つづ》ってほしい。

それが、わたしのなによりの願いです。わたしは、今世の物語の筆を置いたときに、「この人生も、本当に楽しかった！」と心から言って、神様がいらっしゃる書斎を訪問させていただきたいと思っています。

そしてあなたにも、素晴らしいあなただけの1冊を笑顔でしたため続けていただきたいのです。そのためのお手伝いになると思えることを書かせてもらいましたが、このすべてを、すぐに実践するのは難しいことかもしれません。

でも、あなたが今世で向き合っている「あなたの物語」には、まだまだ先がありますす。のんびり、焦らずにいきましょう。仕切り直しはなんどでもできます。

この本を最後まで読み通したことだけでも、まず自分に大きな〇《マル》をつけてあげてください。そして、もし道に迷ってしまったときは、この本の気になるぺージを開いてみてください。

この本は、最後のページが白紙になっています。読み終わった後の気持ちを忘れないうちに書き記していただいて、「あなたの物語」の1ページに加えてほしい、という願いを込めました。

「あなたの物語」が、たくさんの幸せで光り輝きますように、心よりお祈り申し上げます。

平成22年8月

高津理絵

あなたの物語

このページは、この本を読み終えたあなたの、
いまの気持ちを書きとめていただくために作りました。
この本を読んで思ったことや決意したこと、
この先どういうふうに生きていきたいか、
叶えたい夢、周囲の人への感謝の気持ちなど、
なんでも結構です。
いまの「あなたの物語」を書き記しておきましょう。

本書は、2010年8月に毎日コミュニケーションズ
（当時／現在はマイナビ）より刊行された
『あなたの人生が幸せであふれる魔法の教科書』に加筆修正を加え、
文庫化したものです。

高津 理絵（たかつ りえ）

スピリチュアル・カウンセラー

福島県生まれ。幼少時より不思議な体験を繰り返す。2004年より、スピリチュアル・カウンセラーとしての活動を本格的にスタートさせ、多くの人を励まし続けている。著書に、「幸せをみがく本」、「幸せが雪崩のごとく起こる本」、（以上マキノ出版）、「毎日が『幸せなこと』でいっぱいになる本」（三笠書房 王様文庫）、「あなたに『幸せな奇跡』がいっぱい起こる本」、「あなたの願いは必ずかないます！」（以上PHP研究所）、「あなたのまわりが幸せでいっぱいになる魔法のことば」、「天使の声があなたに幸運を運びます！」「（以上大和書房）、「あなたの人生が幸せであふれる魔法の教科書」、「幸せなかたづけで夢をかなえる魔法の教科書」（以上マイナビ）、「1日5分！ 幸せを呼び込む魔法の本」（KADOKAWA中経出版）などがある。

ホームページ　PC　http://rie-hikari.com/
携帯　http://www.rie-hikari.com/k/

※対面やお手紙でのカウンセリングのお申し込み、「神守（かみまもり）の御礼」の祈願受け付けは、たかつりえカウンセリングルームまでお問い合わせください。

たかつりえカウンセリングルーム　☎03-3651-7193

マイナビ文庫

絶対大丈夫！ しあわせの教科書
～みるみる幸運を呼び込む魔法の習慣～

2014年3月31日　初版第1刷発行

著　者　　高津理絵
発行者　　中川信行
発行所　　株式会社マイナビ
〒100-0003 東京都千代田区一ツ橋1-1-1 パレスサイドビル
TEL 048-485-2383（注文専用ダイヤル）
TEL 03-6267-4477（販売）／TEL 03-6267-4445（編集）
E-mail pc-books@mynavi.jp
URL http://book.mynavi.jp

ブックデザイン　米谷テツヤ（PASS）
イラスト　広瀬祥子
編集・制作　楠本知子、田中麻衣子、有限会社クレア
企画・編集　佐藤望（マイナビ）
印刷・製本　図書印刷株式会社

ISBN978-4-8399-5054-5
Printed in Japan

MYNAVI BUNKO

魂を浄化するソウル・セラピー
不安や迷いのない人生を手に入れる

上田佳穂 著

魂を覆っている「想い」に「愛しています」「ごめんなさい」「ありがとう」「許します」の4つの言葉をかけて魂を浄化する「ソウル・セラピー」について解説した一冊。魂を浄化することで、トラウマを癒したり、ストレスを解消したり、人間関係のトラブルを解消したり、体調を整えることができます。

定価　本体630円+税

M Y N A V I **B U N K O**

瞑想で始める

しあわせ浄化生活

宝彩有菜 著

「瞑想」は15分で誰でもできる心と身体のリフレッシュ法。本書では、瞑想ですっきり浄化して、本来の穏やかで優しい自分に戻るための方法とその効能をイラストつきでわかりやすく説明していきます。

定価　本体590円+税